1889

# 香港哥爾夫球會
# 走過的130年

劉智鵬 著

舊場

新場

伊甸場

# 目錄

在 19 世紀，外國人孑然一身來到當時的英屬殖民地香港，人生路不熟，怎樣能在較短時間內融入居港外國人的社會，結交朋友，建立人脈網絡，從而可以在此地立足，發展自己的事業？原來一個行之有效的方法是加入英國人仿照英倫傳統在香港成立的會所。這些會所種類繁多，性質各有不同，有為外籍上流社會人士而設，旨在聯誼及炫耀身份的香港會；有為外籍婦女而設的婦女遊樂會；有偏重於學術研究和交流的皇家亞洲學會香港分會；有身份保密予人以神秘感覺的共濟會。歐美人士多喜愛體育活動，所以香港更多的是各式運動的會所，涵蓋不同的運動範疇，如足球、賽馬、划艇、木球，當然也包括高爾夫球。

眾所周知，高爾夫球是蘇格蘭人首創的，早年香港有不少蘇格蘭人，部分更是財雄勢大的商賈，而把高爾夫球這種運動傳到香港來的 Gershom Stewart 正是蘇格蘭人，他當年是滙豐銀行的僱員。1889 年，香港哥爾夫球會成立（比馬來亞的霹靂球場晚一年，比新加坡的早兩年，比日本第一個高球會神戶六甲山高球會早了十二年），Stewart 是倡議者之一。1897 年，在政府支持下他們取得深水灣一幅土地作為球場，1911 年，也就是辛亥革命那年，他們在粉嶺現址興建了新會所。戰前香港哥爾夫球會是洋人的世界，所有正式會員都是外籍人士，華人只能當附屬會員。政府高層及本地大機構有不少高球愛好者，故此在多方面給予支持和方便，會務日進。粉嶺會所更成為會員週末一家消遣的好去處。港督貝璐（Sir William Peel）熱愛高球，他一手籌建的港督鄉郊別墅，便選址於粉嶺球場內。

戰後香港客觀環境改變，在六七十年代，隨着接受高等教育的華人越來越多，他們在各行業嶄露頭角，社會地位提升，對生活質素要求與日俱增，此發展態勢也為香港哥爾夫球會帶來了改變。華人不再滿足於當沒有投票權發言權的附屬會員，在 1960 年代，球會終改變成立以來的規定，接納華人為正式會員。1972 年，蔡永善醫生獲選為首位華人會長。自此以後，華人會員漸增，而球會在各方面也取得長足的發展。粉嶺會所先後進行過多次擴建和維修工程，而果嶺、球道和草坪亦不斷得到改善。在 1980 年代，香港逐漸躋身亞洲的國際大都會，市民生活水平進一步提升，高球運動漸趨普及，吸引了不少華人參與。華人逐漸在球會的管理和決策上發揮影響力。在 1990 年代，球會已確立其國際級賽事地位，踏入 21 世紀，香港高爾夫球公開賽更升格為亞洲及歐洲巡迴賽認可賽事，聲譽日隆。而球會在普及高球運動方面亦不遺餘力，多年來培養了不少優秀的本地高球手。

創立已有一百三十年歷史的香港哥爾夫球會見證着香港百多年來的發展，是香港歷史的一部分，粉嶺會所現列為二級歷史建築；看台於 1918 年啟用，是三級歷史建築；球場內的港督粉嶺別墅建於 1934 年，是歷屆港督週末渡假和招待賓客的地方，現在是行政長官官邸，屬一級歷史建築。粉嶺球場內有不少新界原居民五大氏族的祖先塋墓，部分更可追溯到明清兩代，部分先人的後代仍居住在球場附近，更有服務於高球場的。粉嶺高球場範圍內逾百分之四十是密林。其內有不少樹種符合特區政府古樹名木的準則，棲息了各種本土鳥類、昆蟲和爬蟲類，包括受保護的瀕危物種。無論從自然環境乃至人文環境，從環境保育乃至文物保育，粉嶺球場都是香港難得一見的例子，那是悠悠歲月所鑄造成的，彌足珍貴。

　　是年適為香港哥爾夫球會成立一百三十年，為保存歷史，該會特於年前委託嶺南大學香港與華南歷史研究部搜集資料，訪問資深會員，就過去一百三十年的歷史作系統的研究，並出版專書把歷史記錄下來。現專書付梓在即，受劉智鵬主任之囑，聊綴數言以為序。

丁新豹博士

己亥秋於香江

序二

　　在眾多體育運動中，高爾夫球可以說是我的至愛，這可歸功於我的父母，他們對高球的熱情令我自幼便和這個小白球結下了深厚情緣，而人生中多個難忘時刻都與它有着關聯。因着它，我曾代表香港哥爾夫球會出戰多項國際及亞洲賽事，並藉着這些賽事跟各地球手建立很好的情誼，而當中最令人難忘的是 1956 年於台灣舉行的亞洲區高爾夫球杯賽，在這次比賽中，我成功擊敗多位區內傑出球手摘冠而歸，捧盃的興奮至今難忘；因着它，1977 年獲香港哥爾夫球會會員推選為會長，成為球會的第二位華人會長，傳承推動高球運動的工作。

　　劉智鵬教授在本書中記錄了香港哥爾夫球會一百年來如何積水成淵，締造了香港高球運動的發展史。事實上，香港哥爾夫球會的粉嶺球場的每個角落都盛載着豐厚的歷史痕跡，可嘆認識的人不多。粉嶺球場不僅是香港這樣小的城市而擁有完備設施的球場，亦是一個備受國際高球壇推崇和讚譽的球場，獨特的佈局更為球手們所津津樂道。每當聽到國際球手對它的讚許，我都會感到無比自豪，認為這是香港人的光榮，頓覺球會多年來所傾注的努力並沒有白費，而且都是值得的。我希望大家細閱劉教授這部著作後，也能感受到孕育一個完美高球場的誕生殊不容易，是需要經歷一條漫長而刻苦的路，是許多人播下無數種子才能成就的。

　　誠然，在二戰前後，華人對高球的瞭解非常有限，這與當時的香港經濟、社會以及文化環境有關，跟着的幾十年高球運動的普及化、精英化以至盛事化，都倚仗着香港哥爾夫球會和香港高爾夫球總會的合力推動。尤幸經過多年來的努力，我們這些民間組織的力量終見成果，高球運動已走進中小學的校園，精英好手亦開始晉身國際舞台。我相信在政府積極推動運動多元化及投放更多資源下，香港的高球運動將會出現新的篇章，邁向另一個收成期。我深信香港高球運動的未來是充滿希望的。

吳肇基

香港哥爾夫球會會長

（1977－1978）

# 序三

劉智鵬教授，是一位熱愛香港，熱愛鑽研香港史志的學者，最近劉教授剛完成了《香港哥爾夫球會走過的 130 年》，書中詳盡記述了高爾夫球在香港的百年發展史，以及這項運動與香港哥爾夫球會抹不掉的淵源。劉教授的研究和分析不但寫下了球會歷史，亦帶出了粉嶺球場和周邊城鄉發展的密切關係。

在高度城市化的香港，香港哥爾夫球會的粉嶺球場無疑是一個獨特的歷史建築組群，當中包括建於 1911 年、被評為二級歷史建築的會所；建於 1918 年，位於舊場融合着中西建築風格，屬三級歷史建築的小食亭，以及經逾百年培育的三個十八個洞球場，分別是舊球場、新球場和伊甸球場，而當中又以舊球場最具歷史價值。球場內處處可見古墓和彌足珍貴的稀有的古樹名木，亦因而造就了其獨特的佈局，聞名國際，為世界頂尖高球手所稱頌。事實上，自球會成立以來便一直默默地為改善球場設施及相關配套下工夫，冀粉嶺球場能為推動香港高球發展發揮作用，令這項運動更趨普及化及國際化。

環顧亞洲各大城市，粉嶺球場屬罕有能經逾百年考驗仍可原址運作的球場，而且場內設施愈趨完善。球會作為亞洲區內第二個歷史最悠久的高爾夫球會，已連續六十年獲選為舉辦全球矚目的香港高爾夫球公開賽的場地，而賽事正好見證着高球運動在香港的發展，以及香港在國際高球界地位的躍升。長逾一世紀，香港哥爾夫球會的中堅分子一直憑着無比的熱誠和堅定的信念，為香港高球運動的發展付出了不少汗水，時至今日，香港高球界年輕一代人才輩出，令人雀躍不已。這些得來不易的成果，以及高球運動的發展之所以能奠下穩固的基石，他們的功勞絕對不能抹煞，書中不少章節亦有記錄和表揚他們的努力。

　　未來，香港哥爾夫球會仍會抱持一貫宗旨，為推動高球運動的發展全力以赴，為傳承球會的精神而努力，以行動印證《香港哥爾夫球會走過的130年》所載的高球史跡並未磨滅，香港高球運動會朝着更好的方向進發。

杜家駒

香港哥爾夫球會會長

第一章

# 球會篇

# 1.1

# 高爾夫球的源起

　　高爾夫球給人的印象是一種源自英國的貴族運動。事實上，高爾夫球的起源眾說紛紜：有人認為它可以追溯至古代歐洲，亦有說法認為它來自古代中國。

　　在歐洲方面，有說法認為高爾夫球的起源可以追溯至公元前 1 世紀的古羅馬時期。當時羅馬帝國軍隊中流行一種名為 *Paganica* 的運動，士兵各自組隊，利用木製的棍棒揮打塞滿羊毛或羽毛的皮球。這項運動隨着羅馬帝國版圖的擴展，傳播到歐洲各處，並逐漸發展成為現代的高爾夫球。[1] 不過，亦有說法認為高爾夫球源自 13 世紀末荷蘭一種名為 *colf*（另一說法為 kolven）的運動。兩者玩法大同小異，參加者利用鐵製球棒，將雞蛋狀的木球打進場地內的四個球洞。這項運動十分靈活，玩家可以用家中的廚房門甚至風車的大門等取代球洞，也可以用教堂、墳場、城市內的大街小巷，或者冬天時結冰的湖面作為場地。一般而言，勝出者的獎賞是獲得敗方送贈啤酒一桶。據說這項運動在

---

1　George Peper, *The Story of Golf* (New York, N.Y.: TV Books, 1999), p.16.

當地盛行了約四個世紀，並在這段期間傳播至蘇格蘭，亦即現代高爾夫球的發祥地。[2]

另外，也有人認為高爾夫球源於 15 世紀法國一種名為 jeu de mail 的運動。Jeu de mail 的玩法大致可以分為四種，與現代高爾夫球十分相似。當中 Rouet 的玩法與現在的 Three-ball match（三球比洞賽）和 Four-ball match（四球比洞賽）相近；而 Chicane 就由兩名球員對壘，輪流利用球桿將屬於自己的球打至目標位置，以總桿數較少者獲勝。這項運動後來傳入英格蘭，被稱為 pall mall，並受到當地貴族的歡迎，連英格蘭國王查理一世（King Charles I）亦樂在其中，而且在倫敦的聖詹姆士宮（St. James Palace）內設立球場供皇室成員使用。[3]

亞洲方面，有人認為高爾夫球是由中國人發明的，名為「捶丸」；「丸」是指球，而「捶」則有用棍棒擊打的意思。其實早在唐代（618-907）已經開始流行一種名為「步打球」的運動，參加者分成兩隊比賽，在場地上徒步用棍棒將球打進對方球門以取得分數。到了五代十國時期（907-979）的南唐，「步打球」依舊盛行，但參與者改為在地上挖球洞代替以往慣用的球門，不過同樣是以擊球入洞取得分數。「步打球」經歷宋代（960-1279）的發展，逐漸演變為元代（1271-1368）盛行的「捶丸」。中國歷史上第一本介紹「捶丸」的專著就是元代出版的《丸經》。這本書詳細介紹了這項運動的歷史、規則、場地、器具和戰術；書中更指出，「宋徽宗、金章宗皆愛捶丸，盛以錦囊，擊以彩棒」，可見這項運動早於宋代已經深得君主喜愛。「捶丸」發展至明代（1368-1644），成為一種廣為官員和士大夫階層喜愛的運動。北京故宮博物院所藏《明

---

2    Ibid, pp.14-16.

3    Ibid, pp.13-14; John Pinner, *The History of Golf* (New York, N. Y.: Gallery Books, 1988), p.9, 10.

宣宗行樂圖》中就繪畫了明宣宗在宮內庭園手持球棍打球，另外亦畫出各式各樣的球棍，分別由僕人看管及存放在球場旁邊的亭子內。場上設有球洞五個，每個球洞均插有旗子以資識別。此情此景，確實與現代高爾夫球頗有共通之處。到了清代，滿族統治者愛好騎射、狩獵、摔跤，對「捶丸」之類的中原傳統運動興趣不大。自此再沒有文獻記載「捶丸」的發展情況，這種運動隨後逐漸衰亡。[4]

以上各種說法均有可取之處，但部分說法缺乏歷史文獻支持，只能被視為有趣的傳說。再者，上述的活動與現代高爾夫球相比，往往以團隊而非以個人為參與單位，因此難以確定這些古代玩意就是現代高爾夫球的源頭。

現存最早有關高爾夫球的歷史文獻，來自 15 世紀的蘇格蘭。1457 年 3 月 6 日，蘇格蘭國會頒佈法案，明令禁止國民參與足球和高爾夫球活動：

> 現正規定及頒佈靈職領主及世俗領主需舉辦每年四次的射箭演習。與此同時，足球及高爾夫球應被完全譴責和禁止。每星期日應前往教堂和參與射擊練習。有關足球和高爾夫球，我們規定（參與這些遊戲的人）將被地方領主和國王任命的官員處罰。

雖然國會明令禁止國民參與高爾夫球活動，時任國王的詹姆士四世（King James IV of Scotland）卻仍然訂製球桿，供自己於愛丁堡附近打球享樂。不管如何，蘇格蘭國會一直堅持初衷，並於 1471 年及 1491 年先後再次頒佈類似法

---

4　凌洪齡：〈捶丸的年代及同高爾夫球的關係〉，《體育文史》，1988 年 01 期；劉秉果：〈中國古代捶丸運動的發展演變〉，《體育文化導刊》，2004 年 05 期；劉秉果、張生平編著：《捶丸：中國古代的高爾夫球》（上海：上海古籍出版社，2006），頁 5-9、28-31。

案，重申禁令。[5]16 世紀初，蘇格蘭與英格蘭簽訂和平條約，國會隨即解除禁令，高爾夫球在蘇格蘭再度興盛。根據歷史文獻所能提供的信息，目前尚無法確定蘇格蘭人何時開始參與高爾夫球活動，上述禁令的實際推行情況亦無從稽考；不過，從這些點滴的資料大概可以推斷，高爾夫球在 15 世紀的蘇格蘭已經大為流行，並且對社會的正常運作帶來明顯的影響，以致國會要頒令禁止。蘇格蘭人對高爾夫球的熱愛也可以從皇室對這項運動的迷戀中看出端倪。1567 年，當時的國君瑪麗一世（Mary, Queen of Scots）的丈夫被謀殺，有傳她對此事漠不關心，更在翌日打高爾夫球消磨時間。話雖如此，當時高爾夫球的發展仍然處於萌芽階段，參加者不分社會階級，普天同慶；參與者對場地、規則、裝備等亦不講究；當時更未有高爾夫球會的成立。這種局面，一直維持至 18 世紀中葉才出現變化。[6]

　　1744 年可說是現代高爾夫球史的第一座里程碑。這一年，蘇格蘭舉辦了第一場高爾夫球賽；成立了第一個高爾夫球會；亦執行了第一套高爾夫球規則。整件事情其實是由蘇格蘭愛丁堡一群熱愛高爾夫球的人士發起；他們計劃舉辦一場高爾夫球賽，並邀請了愛丁堡市議會提供贊助，市議會最終決定以銀球桿作為獎品。這班高爾夫球發燒友更發起成立歷史上第一個高爾夫球會 The Honourable Company of Edinburgh Golfers，並邀請來自英國及愛爾蘭各地的貴族及紳士參與首場比賽 The Silver Club。參加者於比賽時須身穿紅色大衣，以茲識別；這可能是現代高爾夫球衣的元祖。為了確保比賽能順利進行，球會

---

5　National Library of Scotland, "Banned by the Authorities", *Historical Sources*, http://digital. nls.uk/golf-in-scotland/banned/1457-act.html; National Library of Scotland, "Golf for the elite", *Historical Sources*, http://digital.nls.uk/golf-in-scotland/elite/james-iv.html (accessed September 22, 2014).

6　John Pinner, *The History of Golf*, p.10,11,30,31; George Peper, *The Story of Golf*, p.20.

制定了十三條高爾夫球球例（Articles & Laws in Playing at Golf），當中不少與現時的高爾夫球規則相近。例如：[7]

(1) You must Tee your Ball, within a Club's length of the Hole.
你必須要在球洞邊一桿範圍內發球。

(3) You are not to change the Ball which you Strike off the Tee.
你於發球台開球後，不能更換用球。

(5) If your Ball comes among water, or any watery filth, you are at liberty to take out your Ball & bringing it behind the hazard and Teeing it, you may play it with any Club and allow your Adversary a Stroke for so getting out your Ball.
若你將球打到水中，你可以將球拾起，並在障礙後重新發球。
你可以隨意選擇擊球的球桿，但同時要讓對手一桿。

　　根據球會制定的比賽規例，每屆比賽的勝出者將成為 Captain of the Golf，任期至明年比賽開始前。Captain of the Golf 的責任是調解會員在高爾夫球方面遇到的一切問題，然後作出最終裁決；同時他要監管球場的狀況，並且有權在來年的比賽第一個出場打球。[8]

　　1754 年，蘇格蘭聖安德魯斯有二十二位熱愛高爾夫球的紳士貴族，聯手

---

7　National Library of Scotland, "First rules of golf", *Historical Sources*,http://digital.nls.uk/golf-in-scotland/rules/articles-laws.html (accessed September 22, 2014).

8　National Library of Scotland, "The Silver Club regulations: transcription", *Historical Sources*,http://digital.nls.uk/golf-in-scotland/rules/silver-club-regulations-2.html (accessed September 26, 2014).

成立了 The Society of St. Andrew Golfers，並舉辦高爾夫球賽。會方仿效了愛丁堡的同儕，採納了十三條球例；以銀球桿作為獎品；並規定比賽裝束為紅色大衣。這球會推出了一個新的比賽場地和辦法：會方在場地上設十二個球洞，參加者須由第二個球洞開始比賽，順序完成十一個球洞，然後在最遠處折返，順序完成十個球洞，並在出發點完成最後一個球洞，前後合共二十二個球洞。1764 年，會方決定將球洞總數由二十二個縮減至十八個，並逐漸將聖安德魯斯發展成為蘇格蘭境內高爾夫球的大本營，吸引各地好手到來參與比賽。1834年，當時在位的英格蘭國王威廉四世（William IV）成為 The Society of St. Andrews Golfers 的贊助人（patron），並稱該會為 The Royal and Ancient Club of St. Andrews；這皇家頭銜一直沿用至今。[9]

自 18 世紀中葉起，高爾夫球漸漸從蘇格蘭向外傳播。1766 年，The Society of Blackheath Golfers 於倫敦附近成立，是為英格蘭首個高爾夫球會。隨後，格拉斯哥（Glasgow）、阿伯丁（Aberdeen）、曼徹斯特（Manchester）等地相繼成立高爾夫球會。不過，即使高爾夫球成功在蘇格蘭以外的國家落腳，但到了 1830 年代，全球高爾夫球會只有十七個，並且全部位處大英帝國版圖之內；當中十四個位於蘇格蘭，兩個位於英格蘭，餘下的一個則位於印度加爾各答。當時全球真正可以被視為高爾夫球員的，則只有數千人。事實上，在當時的英格蘭，高爾夫球被當地人戲稱為 Scottish's croquet（蘇格蘭人的槌球），可見高爾夫球在蘇格蘭以外地區尚未得到重視，發展仍處於起步階段。[10]

---

9   George Peper, *The Story of Golf*, pp.13-14; John Pinner, *The History of Golf*, pp.30-32; The R&A, http://www.randa.org/en/Our-Heritage/The-Royal-and-Ancient-Golf-Club/Early-History-of-the-Club.aspx (accessed September 23, 2013).

10  George Peper, *The Story of Golf*, pp.13-14; John Pinner, *The History of Golf*, pp. 30-32.; Nevin H. Gibson, *The Encyclopedia of Golf: with the Official ALL-TIME Records* (New York: A.S. Barnes, 1964), p.36; Nancy Fix Anderson, *The Sporting Life: Victorian Sports and Games* (Santa Barbara, Calif. : Praeger, 2010), p.159.

## 1.2
# 高爾夫球向外擴展與東傳

　　1890 年代，美國記者、國際奧林匹克委員會委員（Caspar Whitney）前往
英國考察，對當時高爾夫球以至各項體育運動在當地的發展留下了深刻印象，
他在見聞錄中寫道：「每一個人都知道，一個標準的英國人就是一個運動員。
英國是一個重視體育的國度，她的子民不論男女，對運動的熱愛，都是世界
上其他民族所不能比擬的。」他更指出，英國正陷入一種前所未見的「高爾
夫狂熱」，「只要有高爾夫球場建立的地方，自然會有小鎮在球場旁發展」。[11]
Whitney 將一個標準的英國人等同一個運動員的看法未免有誇大之處，但高爾
夫球於 18 世紀中期起在英倫三島以及西方世界急速發展，卻是不爭的事實。
我們可以從下列的大事略知其盛況：[12]

---

11  Caspar W. Whitney, *A Sporting Pilgrimage: Riding to Hounds, Golf, Rowing, Football, Club and University Athletics: Studies in English Sport, Past and Present* (New York: Harper & Bros., 1895), p.1, 331.

12  Nevin H. Gibson, *The Encyclopedia of Golf: with the Official ALL-TIME Records*, pp.37-38; Caspar W. Whitney, *A Sporting Pilgrimage: Riding to Hounds, Golf, Rowing, Football, Club and University Athletics: Studies in English Sport, Past and Present*, p.370; George Peper, *The Story of Golf*, p.36; Donald Steel ed., *The Guinness Book of Golf Facts and Feats* (Enfield, Middlesex: Guinness Superlatives, 1980), p.8.

(1) 1856 年，歐洲大陸首個高爾夫球會 Pau Golf Club 於法國成立。

(2) 1857 年，全球首個高爾夫球會錦標賽在蘇格蘭 the Royal and Ancient Golf Club of St. Andrews 舉辦。

(3) 1858 年，首屆全英業餘冠軍賽（Grand National Amateur Championship）在蘇格蘭 The Royal and Ancient Golf Club of St Andrews 舉辦。

(4) 1860 年，首屆英國公開賽（British Open）在蘇格蘭 Preswick Golf Club 舉行，歡迎職業球員參加。

(5) 1867 年，歷史上首個女性高爾夫球會於蘇格蘭 St. Andrews 開幕。

(6) 1870 年，大不列顛設有高爾夫球會五十個，同年澳洲首個高爾夫球會在阿德萊德成立。

(7) 1873 年，蒙特利爾高爾夫球會成立，是為加拿大首家高爾夫球會。

(8) 1888 年，高爾夫球登陸美國，國內第一個高球會 St. Andrews Golf Club 於紐約州成立。

(9) 至 1890 年，大不列顛境內已設有高爾夫球場逾一百四十個，為超過三百八十個球會提供服務，而高爾夫球的版圖亦隨着大英帝國的擴張傳播至世界各地，包括香港、澳洲、紐西蘭、愛爾蘭，以至大西洋彼岸的美國和加拿大，可見高爾夫球在此期間發展迅速，並與足球、賽馬、木球等一同成為廣受英國人喜愛的運動。

19 世紀中期起，隨着大英帝國的擴張，飄揚過海的移民、官員、商人將各式各樣的英式文化和生活習慣帶到世界各地，當中還包括了高爾夫球在內的各種運動。下面摘錄了 19 世紀高爾夫球在亞洲的主要發展歷程，從中可以瞭解高爾夫球東傳亞洲的概況：[13]

(1) 1829 年，亞洲首個高爾夫球會 Calcutta Golf Club 於印度加爾各答成立。

(2) 1842 年，亞洲第二個高爾夫球會 Bombay Golfing Society 於印度孟買開幕。

(3) 1888 年，東南亞第一個高爾夫球場於馬來西亞霹靂開幕。

(4) 1889 年，香港哥爾夫球會（Hong Kong Golf Club）成立。[14]

(5) 1890 年，Royal Bangkok Golf Club 於泰國曼谷成立。

(6) 1891 年，新加坡首個高爾夫球會 The Singapore Island Country Club 成立。

(7) 1901 年，日本第一個高爾夫球場於神戶六甲山開幕。

---

13　Donald Steel ed., *The Guinness Book of Golf Facts and Feats*, pp.8-10. 以仍在原址運作的高爾夫球會而言，香港哥爾夫球會是亞洲區內歷史第二悠久的球會。

14　創立於 1889 年的香港哥爾夫球會（Hong Kong Golf Club）於 1897 年獲維多利亞女王頒授「皇家」稱號，自此以皇家香港哥爾夫球會（Royal Hong Kong Golf Club）之名沿用至 1996 年，經會員投票通過刪去「皇家」稱號。

## 1.3

# 19 世紀末的香港

1842 年,香港成為了英國的殖民地;以英國商人為首的歐洲人在香港島發展維多利亞城,建立商行、政府機構、住宅,以及各種各樣的社區和康樂設施。香港與其他大英帝國的殖民地一樣,以英國人為首的統治階層對構成絕大部分人口的華人社會實施種族隔離政策。統治階層只起用了少部分華人擔任洋行買辦和翻譯,並設置總登記官(The Registrar General)擔任溝通橋樑;華人社會內部的大小事務則交由華人領袖及他們所領導的諸如南北行、東華醫院等機構自行負責。當時的歐洲人自成一個西式社會,他們出入香港會(The Hong Kong Club)、聖約翰座堂(St John's Cathedral)、香港大酒店(The Hong Kong Hotel)等處,參與各種西方社交場合。至於流行於西方的各種體育運動,亦在歐裔族群的日常生活中佔有重要的席位。[15] 根據 *The Hong Kong Daily Press*(《孖剌西報》)於 1879 年出版的一份指南,當時香港主要的體育

---

15 高馬可(John M. Carroll)著,林立偉譯:《香港簡史:從殖民地至特別行政區》(香港:中華書局〔香港〕有限公司,2013),頁 50-51、56-59;Patricia Lim, *Forgotten Souls: A Social History of the Hong Kong Cemetery* (Hong Kong: Hong Kong University Press, 2011), pp.425-427。

活動有海浴、划艇及木球，並設有體育會統籌相關活動。同時，賽馬、田徑及游泳會每年都舉辦比賽。至於在英國發展得如火如荼的高爾夫球則尚未有立足之地。[16]

香港開埠早期各類體育機構的成立年份，可見以下資料：

(1) 水上運動（賽艇、游泳）：[17]

1849 年，香港首個體育機構維多利亞賽舟會（Victoria Regatta Club）（現稱為 The Victoria Recreation Club）舉辦香港首場賽艇賽事。1889 年，香港科林斯式航海會（Hong Kong Corinthian Sailing Club）成立（現稱為 Royal Hong Kong Yacht Club）。

(2) 木球：[18]

1851 年 6 月，香港木球會（Hong Kong Cricket Club）成立，以中環遮打道木球場為大本營。

(3) 賽馬：[19]

1846 年，首場賽馬在黃泥涌舉辦。

1884 年，香港賽馬會成立，主辦香港所有賽馬活動。

---

16 *The Directory & Chronicle for China, Japan, Corea, Indo-China, Straits Settlements, Malay states, Siam, Netherlands India, Borneo, the Philippines, &c 1879* ( Hong Kong: The Hongkong Daily Press Office), 186. From http://babel.hathitrust.org/cgi/pt?id=nyp.33433082429253;view= 2up;seq=10 (accessed September 25, 2014).

17 Victoria Recreation Club, http://www.victoriarecreationclub.com.hk/history.html ; Royal Hong Kong Yacht Club, http://www.rhkyc.org.hk/History.aspx (accessed September 24,2014).

18 Hong Kong Cricket Club, http://www.hkcc.org/history.aspx (accessed September 24,2014).

19 Hong Kong Jockey Club, http://corporate.hkjc.com/corporate/history/chinese/index.aspx (accessed September 24,2014).

# 香港哥爾夫球會的創立

1880 年代，在 Gershom Stewart 及 Murray Rumsey 的倡議下，香港成立了第一個高爾夫球會，他們兩位可說是「香港哥爾夫球會之父」。Gershom Stewart 生於 1858 年，畢業後於利物浦從事東印度貿易，及後於 1883 年前往香港發展，在香港上海滙豐銀行任職。[20]Murray Rumsey 生於加勒比海的聖基茨（St. Kitts），及後於英國海軍服役，並在 1885 年抵港接任助理船政司，隨後於 1889 年 5 月升任船政司；1905 年通車至今的中環林士街（Rumsey Street）就是以他的名字命名。[21] 雖然兩人早年生涯發展迥異，但都熱愛高爾夫球；Stewart 年輕時已經加入了英國利物浦的高爾夫球會 Royal Hoylake Golf Club，而 Rumsey 小時候在父親的影響下已經接觸高爾夫球。Stewart 在 1888 年秋天將高爾夫球帶到香港，這是高爾夫球傳入香港這英國遠東殖民地的里程碑！翌

---

20 *The Hong Kong Daily Press*, "The Late Sir Gershom Stewart", 1930-1-18; *The Hong Kong Telegraph*," Old Resident's Death... Passing of Sir Gershom Stewart ", 1929-12-6.

21 *The Hong Kong Daily Press* ,"Departure of Commander Murray Rumsey", 1903-9-19.; "Government Notification no.118", *Hong Kong Government Gazette*, 1888-03-21; *Civil Establishment of Hong Kong for the Year 1888*, 40; "Government Notification no.286", *Hong Kong Government Gazette*, 1905-05-12.

年，在一次偶然機會下，兩人於香港會碰面，一見如故，隨即着手於香港成立第一個高爾夫球會。[22]

1889 年 5 月 8 日及 9 日，一切就緒之後，兩人於 *The Hong Kong Daily Press*（《孖剌西報》）連續兩日刊登了同一則啟事，誠邀社會各界共同籌組香港第一個高爾夫球會：[23]

> 熱愛高爾夫球的紳士們，歡迎參加 1889 年 5 月 10 日下午 5 時於香港會舉辦的會議，商討有關在香港或九龍建立高爾夫球道的事宜。

5 月 10 日下午，會議按計劃在中環香港會舉行，但看來反應未算理想，一共只有十三人出席。除了 Gershom Stewart 和 Robert Murray Rumsey 外，還有來自商界的 William Legge、David Gillies、Robert Baird、John Andrew 及 A. Sandford，另外聖約翰座堂牧師 Rev. William Jennings 亦有參與，其餘五人則是隸屬亞皆及修打蘭高地兵團（Argyle and Sutherland Highlanders）的軍人 Captain D.G. Collings、W. Thorburn、S.E. Douglas、A.J. Campbell 以及 H.P. Kirk。在會上，Rumsey 提出成立香港哥爾夫球會，並獲得全體人士同意通過。會務方面，以 Rumsey 為首的六人組成臨時委員會，負責訂定三元入會費，選任球會秘書，在香港各大報章刊登廣告招募會員；會員年費則仍待商討。會議過後，球會隨即運作，由 Rumsey 擔任會長。Rumsey 運用其船政司的身份，通過在政府內的人脈關係，成功邀請時任助理輔政司 Norman Gilbert

---

22  T.F.R. Waters, *History of the Royal Hongkong Golf Club* (Hong Kong: South China Morning Post, 1960), p.5 ; Denis Way, *The Mandarins of Golf*, 17-20; "Clubs(15)", in *Old Hong Kong by Colonial*, p.210.

23  *The Hong Kong Daily Press*, 1889-5-8 ; *The Hong Kong Daily Press*, 1889-5-9.

Mitchell-Innes 出任秘書[24]；而時任港督德輔（Sir William des Voeux）則喜歡於工餘時間打草地網球及高爾夫球以舒展身心，於是順理成章出任主席。[25]

24  T.F.R. Waters, *History of the Royal Hongkong Golf Club*, pp.5-6; *The China Mail*, 1889-5-10.; Dennis Way, *The Madarins of Golf*, pp.24-27.

25  William des Voeux, *My Colonial Service in British Guiana, St. Lucia, Trinidad, Fiji, Australia, Newfoundland, and Hong Kong, with Interludes* Vol.2 (London : J. Murray, 1903), p.199.

## 1.5

# 香港哥爾夫球會的會所

## 1.5.1 快活谷會所

香港哥爾夫球會在成立之初並沒有永久會所,這可能是資源所限,也可能是會員沒有為球會制定長遠的發展計劃。無論如何,香港哥爾夫球會最終找到了快活谷一處地方搭建簡陋木棚作為服務會員之用。1894 年,木棚被暴風雨所毀,幸好得到賽馬會批准於快活谷馬場大看台興建臨時辦事處。[26] 經此挫折,會員明白到臨時會所並非長久之計。這年歲末,球會新任會長 Commodore Boyes 終於代表球會去信港督,請求批准在臨時辦事處旁邊興建永久會所;結果有關申請先後順利獲工務司同意及港督批准。當時的租約條件如下:[27]

---

26  T.F.R. Waters, *History of the Royal Hongkong Golf Club*, p.7.

27  Legco, Minutes of Proceedings, 1895-12-5; CO129-266; CO 129-33.

(1) 租約年期為二十五年。

(2) 年租一元。

(3) 會所用地確實地點及面積由黃泥涌委員會（Wong nei-chong Committee）及工務司署再行擬定。

(4) 批出土地不可作其他用途；若土地不再作會所用途，須無條件還原及歸還予政府。

　　1896 年 3 月 4 日大雨滂沱，但無阻球會會員聚首快活谷，見證球會第一個永久會所正式開幕。會所以石材建構，由 Edward Albert Ram 設計，正門面向球場的一號發球台和快活谷馬場。[28] 會所設計帶有地中海風情，大門為仿古羅馬式拱門。會所上方設有露台供會員休息；內部則設有更衣室、酒吧、職員辦公室及儲物間。會方特別在會所內樹立一塊石碑，碑上刻上歷屆球會錦標賽的優勝者。開幕當天，前任會長 Commodore Boyes 主持揭幕儀式，由 Rumsey 夫人展開會旗及致簡短賀詞。禮成後，Rumsey 主持一場只有六位女士參加的高爾夫球賽，結果由 Madame O'Gorman 勝出。數月後，會方將前任港督德輔及當任港督威廉羅便臣（Sir William Robinson）的畫像懸掛在正門入口，以表揚兩人對球會發展所作出的貢獻。[29]

1918 年，快活谷馬場發生大火，位於馬場大看台下的球會辦事處未能倖免。事後球會惟有向賽馬會借用房間辦公，並一直使用至 1928 年底。[30] 1929 年 2 月，球會將房間交還賽馬會，同時向政府提出申請於原址重建會所，可惜未能成事。球會於是轉而向政府提出租用附近的陸軍或海軍用地。1931 年，球會重新提出租用快活谷西北方地段一千三百七十四號興建新會所，並願意自費平整土地及翻新球場；這項申請最終於 1932 年 4 月獲得批准。[31] 日佔期間，快活谷會所被暴徒大肆搜掠，加上戰後政府無意讓球會重新營運快活谷球場，會方惟有將會所交還政府。快活谷會所的舊址，大約在現時跑馬地馬場主樓附近。[32]

---

28  Edward Albert Ram 在 1900 年代初與 Albert Denison 及 Lawrence Gibbs 在香港合組建築師樓 Denison, Ram & Gibbs，該公司曾負責設計山頂明德醫院（1906 年落成）、香港大學舊學生宿舍 Old Halls（1913 年至 1915 年間落成）、梅夫人婦女會主樓（1916 年落成）及淺水灣酒店（1920 年落成）等建築。有關香港戰前著名建築師的基本資料，可以參閱香港建築師學會出版的季刊，*HKIA Journal* Issue, No. 45。

29  T.F.R. Waters, *History of the Royal Hongkong Golf Club*, pp. 8-9；Denis Way, *The Madarins of Golf*, p.71；*The Hong Kong Weekly Press*, 1896-03-12.

30  T.F.R. Waters, *History of the Royal Hongkong Golf Club*, pp.8-9 ,17-18.

31  HKRS 58-1-85 (28).

32  Spencer Robinson, *Festina Lente : A History of the Royal Hong Kong Golf Club*(Hong Kong : Royal Hong Kong Golf Club, 1989), p.20,26.

1918 年，快活谷馬場發生大火，波及位於馬場大看台下的球會辦事處。

229　Hongkong Race Course Fire at the Grand Stand on 26th, February, 1918.

球會會所被大火完全焚毀（攝於 1918 年）

## 1.5.2 戰前的粉嶺球場會所

　　1911 年，球會決定興建粉嶺球場，並擬定了球場設計的草稿。球會再次邀得早年設計快活谷會所的 E.A. Ram 設計粉嶺球場會所 Dormie House。Dormie House 於 1914 年落成啟用，為球會男會員提供休息聚會的場所。當時有報章對會所讚不絕口，認為「粉嶺會所那裏沒有附近一帶鄉村的原始與古舊，所有東西都是最先進合宜的，甚至安裝了連深水灣會所落成多年都仍然欠缺的電話。高球場本身就十分優秀，未來一片光明」。[33] 不少男會員每逢週末都會聯同好友或帶同伴侶到粉嶺打球；到了黃昏則一起參加會所的派對，好靜者可以安坐休息室沙發或玩橋牌遊戲。會員往往會留宿一晚才返回市區。當時會所內的住宿設施一應俱全，有更衣室、配備陶瓷浴缸和鐵製花灑的浴室、設有蚊帳的大型寢室、以及數間供資深會員使用的四人寢室。[34]1917 年，律師 H.W. Looker 為紀念妻子，撥款興建一個供女性會員專用的休息室，內有兩間更衣室及四間睡房。[35]

　　自 1919 年開始，球會於每年 11 月 11 日「終戰紀念日」早上 11 時正燃放炮仗，然後全體人士默哀兩分鐘，以紀念一次大戰中的死難者。1921 年 8 月 14 日，球會為粉嶺球場的戰爭紀念碑舉行揭幕儀式，並邀得港督司徒拔擔任主禮嘉賓。紀念碑由花崗石柱製成，刻上「1914-1918：紀念為國捐軀的會員」，安放在會所前的紀念花園。紀念碑本來打算刻上於戰爭中殉難的會員芳名，可惜快活谷會所連同球會的文獻記錄於 1918 年的馬場大火中焚毀，為免

---

33　*The Hong Kong Telegraph*, "Fanling", 1913-07-25.

34　Spencer Robinson, *Festina Lente: A History of the Royal Hong Kong Golf Club*, p.13,17.

35　T.F.R. Waters, *History of the Royal Hongkong Golf Club*, p.16.

會員芳名有所闕漏，因此碑上乾脆不刻名字。此舉反而使球會通過紀念碑對所有曾到訪球會的殉難軍人表達哀思。[36]

踏入 1930 年代，隨着粉嶺球場新場以及 The Relief Course 相繼投入服務，球會成員 Stanley Dodwell 提出興建新會所，以應付日益增長的會員。這項建議經會長接納後，交由一個特別委員會跟進，最終寫成報告於 1932 年底呈交委員會。報告書指出，新會所應以強化混凝土建造，地牢設會員儲物室、球僮主管辦公室、廚房、冷藏庫、酒窖、乾衣室、供暖設備及停車場。地下要高於路面五呎，一邊設有女更衣室、飯廳及露台，另一邊則為男更衣室、

粉嶺球場會所內酒吧 The Bar （攝於 1920 年）

36　*The China Mail*, "Gallant Golfers – Fanling War Memorial",1921-08-15; Spencer Robinson, *Festina Lente: A History of the Royal Hong Kong Golf Club*, p.15,19.

粉嶺球場會所外貌（攝於 1930 年代）

會堂、酒吧、休息室、橋牌室及球會辦公室，後方設大型更衣室。一樓設三十二間單人睡房，每兩個房間共用一間浴室，另設九間附設獨立浴室的雙人房。至於新會所的選址，報告認為舊場十號球道小丘 Tommy Tucker 旁或十四號果嶺附近的中途站後方會較為理想。

翌年，球會召開特別會議，決定興建一個附設游泳池的新會所，估計造價達三十五萬元；但其後計劃暫時擱置，交由財務委員會再作安排。後來又經過數年的研究，於 1939 年再次提出興建新會所的計劃。新會所由 Leigh & Orange（利安顧問）的建築師 John Potter 設計，並在粉嶺會所展出建築物的模型。新會所工程初步估算費用為四十萬元，當中四分之三將通過借貸取得，其餘則來自調升後的會費及果嶺費收入。可惜這個萬事俱備的計劃尚未動工，香港已經淪陷，Potter 亦在戰爭中不幸罹難，興建新會所的計劃最終不了了之。[37]

粉嶺會所選址新界北部，交通是其中一項最需要解決的問題。可幸在球會落成啟用之前，貫通九龍和廣州的九廣鐵路已經通車，這對於粉嶺會所的營運無疑帶來了極大的方便。居於港九市區的會員可以從尖沙嘴火車站乘坐火車

---

37　T.F.R. Waters, *History of the Royal Hongkong Golf Club*, pp. 21-23; *The China Mail*,"Fanling Golf Club Project Defeated" ,1933-10-25; *The Hong Kong Telegraph*, 'Fanling Clubhouse – Golfers Sanction Borrowing of Three Lakhs and Raised Fees", 1939-03-11.

粉嶺球場男士會所與舊場遠景（攝於 1930 年代）

Fanling, Men's Club House & 18th Green Old Course

直達新界粉嶺站；下車後可以步行，乘坐人力車或山兜前往離車站約一點五英哩外的球場。1913 年，鐵路當局為方便上水區一帶居民以及前往粉嶺球場的人士，於是在該區加建一個靠近球場的車站，令火車站與球場的距離大幅縮短至半英哩。[38] 便捷的鐵路服務，加上車站鄰近球場，使球場在開幕首年已經為九廣鐵路帶來近一萬元的收益。[39] 翌年，球會在時任九廣鐵路公司經理 C.H.P. Winslow 的協助下開通特快專車服務，於週末接載會員由九龍直接前往粉嶺，並於旅途中提供熱餐及冷飲。[40] 這種服務很受歡迎，於是在此後的二十年間一直按同樣形式經營。

38  Robert J Phillips, *Kowloon-Canton Railway (British section) : A History*(Hong Kong : Urban Council, 1990) , p.57,58; *The Hong Kong Telegraph*,"New Territory Golf Course", 1912-07-20.

39  *The Hong Kong Telegraph*, "Fanling Golf Course- His Excellency and Its Attractions", 1917-06-07.

40  T.F.R. Waters, *History of the Royal Hongkong Golf Club*, p.14.

踏入 1930 年代，隨着連接九龍的大埔道以及接通大埔及粉嶺的粉嶺公路相繼通車，公共巴士服務及各種非法載客車輛應運而生，對九廣鐵路的客量造成負面影響。有見及此，九廣鐵路三管齊下，包括邀請政府協助宣傳、與旅行社合作增設車票發售點，以及要求警方加強執法打擊非法載客車輛。[41]另一方面，九廣鐵路大幅降低專門為會員提供的車票票價。1934 年 5 月 1 日，新會員專用車票開售，十元就可以買十張來回車票，比原來賣十八元四角十張的車票便宜了差不多一半。[42]翌年，為配合跨境特快列車投入服務，九廣鐵路於星期日及公眾假期增設由粉嶺前往上水的單向特別專車。特別專車隨跨境特快列車飛箭號（Flying Arrow）於早上 8 時半從尖沙嘴出發，到達粉嶺站後，專車會與飛箭號分離。由於上水站位於粉嶺站南面的緩坡下，特別專車會在無引擎推動的情況下，沿着路軌緩緩滑向上水站，並由調度員負責煞停專車。當時九廣鐵路形容此種特別的營運模式「快捷」兼且「平穩順暢」；這種做法是香港獨創，在當時大英帝國各個殖民地的鐵路系統之中，可謂絕無僅有。[43]

1936 年，九廣鐵路認為兩輛於 1920 年代早期購入的 Hall-Scott 柴油動力車表現未如理想，遂於年初展開研究，希望將其中一輛改裝成豪華包廂或頭等車卡，另一輛則可以改作穿梭列車，服務大埔和粉嶺兩地，協助居民運送農產品。同年 8 月，第一輛 Hall-Scott 柴油動力車（又稱作 Motor Car No.1）在九廣鐵路經理 R.D. Walker 及總工程師 J. Smith 兩位高球發燒友的協助下完成改裝，並命名為大埔淑女號（Taipo Belle）。大埔淑女號車身採用鋼板構造及流線型設計，表層髹上銀色和藍色。車廂內部由 R.D. Walker 的妻子設計，採用

---

41  Robert J Phillips, *Kowloon-Canton Railway (British section): A History*, p.77.

42  Kowloon Canton Railway(British Section), *Annual Report 1934*.

43  Kowloon Canton Railway(British Section), *Annual Report 1935*.

柚木裝飾，分為休息室及酒吧兩個部分。休息室內部設有躺椅十四張及旋轉觀光椅兩張，並配備吊扇及書枱，地面則鋪上藍色地毯，營造出高貴和優雅的情調。酒吧部分同樣豪華，設有五張旋轉椅、兩個四人座位包廂、酒杯櫃及電冰箱，窗簾及地毯採購自名店連卡佛（Lane & Crawford）。專車行駛途中，乘客可以一邊品嘗佳釀，一邊欣賞窗外怡人景色。[44] 大埔淑女號於 9 月 24 日由九龍站試運往深圳，全程行車時間為二十八分五十三秒，最高時速達五十六英哩。[45] 10 月 1 日，大埔淑女號正式投入服務，平日用作九廣直通車的頭等車廂，週末假日則成為獨立運作的機動車，服務前往粉嶺的球會會員。10 月 14 日，大埔淑女號由九龍出發，中途不停站直達廣州，僅花費兩小時十五分，時間絕不比現時營運的城際直通車遜色。[46] 與此同時，另一輛 Hall-Scott 柴油動力車（又稱作 Motor Car No.2）則因大埔來往粉嶺穿梭列車試運狀況未如理想，同樣被改裝成豪華車廂，設計和間隔與大埔淑女號相近，車身則鬆上綠色和藍色，命名為廣州淑女號（Canton Belle）。1937 年 5 月 10 日，廣州淑女號正式投入服務，接載華盛頓進出口銀行（Import & Export Bank of Washington）的代表前往廣州作商務訪問。[47] 據九廣鐵路統計，在大埔淑女號投入服務首九個月，球會會員在其中三個月所帶來的票務收益，已經佔去總收入六成，可見大埔淑女號為球會和九廣鐵路創造了雙贏的局面。[48] 自此，大埔淑女號及廣州淑女號日常用作跨境列車的頭等車廂，有需要時則給予團體租用，直至 1941 年香港淪陷為止。

---

44　*The Hong Kong Daily Press*, "Mile-A-Minute Luxury Travel",1936-09-24.

45　*The Hong Kong Telegraph*,'Taipo Belle Over 60M.P.H. in Trial Run" 1936-09-24.

46　Robert J Phillips, *Kowloon-Canton Railway (British section) : A History*, pp.115-116.

47　*The Hong Kong Telegraph*,"Second Rail-Motor in Service "Canton Belle" on Hire to Parties",1937-05-03; The Hong Kong Telegraph, "Canton Belle Makes Trip – Inaugural Run to Canton",1937-05-10.

48　Kowloon Canton Railway(British Section), *Annual Report 1936*.

## 1.5.3 戰後的粉嶺球場會所

二次大戰後，球會着手重建。當時粉嶺主會所及女會所都被駐港英軍徵用，球會希望當局先交還女會所，以便為重開球場作好準備。經過一番交涉，會方最終取回女會所。[49]1951 年，球會於球場內加建一間小屋，用作接待會員子女，並於 1956 年改建為 Children's House。另外，會方為女會所翻新，除了添置廚房設備，也為所有睡房加裝空調系統。1958 年，球會為配合粉嶺球場的改建計劃，終於啟動束之高閣近二十年的會所發展計劃；並再次邀請 Leigh & Orange 負責內部設計。這次計劃雖然仍未涉及新會所的興建，但在已經完成的更換地板等前期修復工程上為舊有設施作大規模翻新。這次的工程包括：[50]

(1) 移除酒吧的舷梯，並以配備鐵欄杆的樓梯取代，同時於下層加設兩道木門，阻隔上落樓梯時所帶來的聲浪。新設計可以增加酒吧內部的空間感，並帶來更寧靜的環境。

(2) 翻新酒吧及酒櫃。

(3) 翻新飯廳、前廳及閱讀室的天花，並採用隔音物料，同時翻新批盪。飯廳中央加裝隱蔽照明，閱讀室加裝標準照明系統，酒吧加裝燈帶。

(4) 為飯廳及閱讀室加裝花崗岩壁爐，並於閱讀室加設座椅。

(5) 於會所更衣室旁邊加建一個面積更大的更衣室，並以樓梯連

---

49  HKRS156-1-21; T.F.R. Waters, *History of the Royal Hongkong Golf Club*, p.25.

50  T.F.R. Waters, *History of the Royal Hongkong Golf Club*, pp.31-33.

1941年香港淪陷，粉嶺球場會所在日佔期間遭受破壞，後被駐港英軍徵用。

接。新更衣室配備全新的淋浴設備。

(6) 為新舊更衣室加設儲物衣櫃，供會員租用。每次租用期至少
三年。

(7) 對會所上層住宿設施之間隔進行改動，設有九間單人房、兩間
雙人房、一間三人房及兩間宿舍，並改善各間房間的隔音以及
連接中央空調系統。

(8) 移除會所外連接球場的樓梯，為會所外的梯級鋪設防滑膠地
板，梯級兩旁加設花盆作裝飾，並將會所陽台向練習果嶺的方
向擴建。

(9) 擴建會所西面的停車場，並於會所旁預留空間予球會會長為專
用停車位。

(10) 翻新餐廳廚房，安裝全新的煮食爐具、冷藏系統及抽風系統。

　　1961 年，會方向會員發出通告，就會所重建計劃提出的四個方案徵集意見，但結果仍未能達成共識，計劃再次擱置。[51] 兩年後，球會召開特別會議，會上通過授權委員會開展「粉嶺發展計劃」擴建會所。會方為支持工程，發行總值九十萬的債券集資，同時向會員加徵每月五元的建築附加徵費。翌年，全新的球僮總部、高球用品專門店及球會儲物房相繼落成，粉嶺會所的擴建工程總造價則上升至一百二十一萬元。[52]

　　1964 年，粉嶺會所完成擴建工程，新大樓包括睡房、飯廳及酒吧；同時打破常規，將主會所開放予男女會員共用，並加建了女更衣室及兩個停車場。[53] 1967 年，粉嶺球場第三個球場選址確定後，會方轉而跟進粉嶺會所發展計劃。設計師認為粉嶺會所可以加建二十一間睡房，並為會員提供面積更大、環境更佳的共用空間。另外，新計劃可以加建一個游泳池，並且翻新原有的更衣設施及餐飲設施。連同早前的球場擴建計劃，會方將兩項計劃一併以問卷形式交予會員表決，結果獲得近九成會員支持。兩項計劃造價估算合共約四百萬元，是球會歷年來最大規模的發展計劃。[54]

　　1969 年底，會所擴建部分漸見雛形，球會辦事處和飯廳的擴建部分竣工，泳池基座亦告完成。10 月 5 日，港督戴麟趾（David Trench）為會所擴建工程主持奠基儀式。[55] 1970 年，擴建工程步入尾聲，泳池於 6 月率先開放，其

51　Spencer Robinson, *Festina Lente: A History of the Royal Hong Kong Golf Club*, p.36.

52　Ibid, pp.36-38.

53　Ibid, p.38.

54　Ibid, p.40.

55　The Royal Hong Kong Golf Club, " Annual Report & Accounts for the year 1969" , p.6.

他設施包括睡房、燒烤區等則於夏季相繼落成。9月5日，會方於泳池旁邊的燒烤區舉辦舞會，象徵新會所大樓正式啟用。[56] 為了籌集資金支持擴建，會方設立了提名會員制，凡企業或團體捐款五千元，即可以提名一位成員加入球會，經球會批准後即可以獲得會籍。會籍經會方同意即可以轉讓，惟需繳交佣金予會方。翌年，會方計劃開展第二期擴建工程，包括興建高級員工宿舍、員工宿舍，擴建球會辦公室和高球用品專門店。[57]

1974年，粉嶺會所第二期工程竣工，將原有的斯派克酒吧（spike bar）改建成安靜室，同時計劃興建網球場和兒童遊樂設施。翌年，會方有意改建會所廚房、飯廳和圓廳，但因會員反對而擱置。另一方面，球場亦因應會所的擴

56  Ibid, p.4,7.

57  The Royal Hong Kong Golf Club, " Annual Report & Accounts for the year 1969" , p.5.

建而有所變更。原來的球場面積有限，作賽時需要同時使用兩個球場；有見及此，球會將三個球場的範圍重新劃分，以建立一個可以用作公開比賽的十八洞標準球場。會方於新場興建了一個永久中途休息站，取代原來的臨時中途站，並在舊場安裝了半自動灑水系統。在往後數年，除了分階段改善三個球場的果嶺、球道和草坪外，再沒有大型工程；粉嶺球場可說是進入了鞏固期。[58]1979年，會方再次着手研究粉嶺會所的重建計劃，同時為會所在戰前興建的部分作結構檢查，檢查結果令人滿意，重建計劃可以暫緩推行。[59]

1989 年，為配合球會百週年慶典活動，會長及總務委員會認為粉嶺會所應暫時關閉，以作大修；並期望於同年 10 月的四角邀請賽舉辦前完成所有工程。會方隨即招請 Paul Leese Designers Limited（後來改為 Leese Robertson Freeman Designers Ltd）負責會所的內部設計。最終於百週年慶典開幕前順利完成全部工程。10 月 22 日，會方舉辦了雞尾酒會慶賀粉嶺會所重開。[60]

自 1990 年代起，粉嶺會所的整體格局基本維持不變，會方及會員均認為會所無需再作任何大改動，因此會方將資源投放在翻新現有設施、善用空間的方面，務求為會員及訪客提供更舒適的體驗。[61]2008 年球會的長遠策劃理事委員會報告指出：「會所大樓的外觀需保持會所的特點及歷史感。因此，會所任何翻新工程應只限於內部空間，以保留建築的外觀原貌。」[62]

交通方面，香港重光後駐港英軍發現大埔淑女號及廣州淑女號大量機件

58　The Royal Hong Kong Golf Club, " Annual Report & Accounts 1974", p.5,6.; The Royal Hong Kong Golf Club, " Annual Report & Accounts 1976", p.6.; Spencer Robinson, *Festina Lente : A History of the Royal Hong Kong Golf Club*, p.47.

59　The Royal Hong Kong Golf Club, " Annual Report & Accounts for 1979" , p.4.

60　The Royal Hong Kong Golf Club, " Annual Report & Accounts for 1979" ,pp.8-9.

61　The Hong Kong Golf Club, *Annual Report 2006*.

62　The Hong Kong Golf Club, *Report of the Long Term Planning Board – April 2008*.

被拆走，九廣鐵路遂決定將這兩卡火車改裝為普通車卡重新投入服務。同時，九廣鐵路以兩輛 Dodge 貨車改裝成一輛鐵路巴士，與另一輛 Bedford 鐵路巴士攜手為新界居民提供往來九龍以及在新界穿梭的服務。Dodge 鐵路巴士最高時速二十五英哩，車身髹上泥黃色油漆，車廂內設硬座，服務對象包括於週末假期前往粉嶺的會員。另外，球會方面亦曾經安排貨車，逢星期日及公眾假期早上於尖沙嘴半島酒店門外接載會員前往粉嶺，車費兩元，以解決鐵路服務不足的問題。鐵路巴士服務了十多載之後於 1956 年停辦，自此之後，會員一般

鐵路巴士的服務對象包括逢週末假期前往粉嶺球場的會員

都改為駕車前往粉嶺球會，鐵路與球會之間的密切關係亦告一段落。[63]

63  Spencer Robinson, *Festina Lente : A History of the Royal Hong Kong Golf Club*, p.21,29; Vaudine England, *The Quest of Noel Croucher: Hong Kong's Quiet Philanthropist* (Hong Kong: Hong Kong University Press, 1998), p.185.

## 1.6

## 香港哥爾夫球會的組織架構與發展

### 1.6.1 戰前的組織架構

　　完善的管理對球會的發展十分重要，球會在建立初期已經擁有一套頗為理想的管理架構。從 1897 年時任會長的 Rumsey 和秘書的 H.L. Dalrymple 共同撰寫的年報可見，球會的成立是為了「推廣香港高爾夫球運動的發展，並為會員提供一切的方便」。[64] 當時要申請加入球會，必須要「過五關，斬六將」。首先要一名會員提名，並由另一名會員和議，再由三名委員會成員投票通過，方可取得會員資格。香港總督、副總督、駐港陸軍司令及駐港海軍司令則無須上述程序即可以成為榮譽會員，並享有會內一切權利，但無權干涉球會的管理事宜。[65] 事實上，球會成立初期，已經是香港軍、政、商「猛人」雲集的會所，其中重要成員包括：

---

64　CO 129-276; T.F.R. Waters, *History of the Royal Hongkong Golf Club*, p.47.
65　CO 129-276.

(1) **軍政界：**

德輔（港督）、威廉羅便臣（港督）、林士（船政司）、Norman Gilbert Mitchell Innes（先後出任助理輔政司及庫務司）、Fielding Clarke（最高法院法官）、Commodore George Thomas Henry Boyes（海軍准將）、George William Forbes Playfair（定例局非官守議員）、G. N. Orme（新界理民官）。

(2) **商界：**

Gershom Stewart（Stewart Brothers. 創辦人）、Henry Liston Dalrymple（伯利洋行成員／滙豐銀行主席）、John Thurburn (Mercantile Bank〔有利銀行〕經理）、Villiers Alweyn Caesar Hawkins（滙豐銀行大班昃臣爵士的助手）、H.W.Robertson（太古洋行合夥人）、Charles Alexander Tomes（Shewan, Tomes & Co.〔旗昌洋行〕合夥人）。

(3) **專業人士：**

E.J. Grist（Wilkinson & Grist 律師行創辦人）、E.A. Ram（Denison & Ram 建築師樓創辦人）、Clement Palmer（Palmer & Turner〔巴馬丹拿建築師樓〕合夥人）。

(4) **其他：**

Rev. R.F. Cobbold（聖約翰座堂牧師）。

換言之，社會上地位不高兼人脈欠佳的人就很難加入球會。1897 的時候，球會共有會員兩百六十八人，當中一百二十七人是駐港英軍的軍官和紳士，其餘一百四十一人則是所謂的平民（civilians）。會員申請獲得接納後，會被球會歸類為居民會員或非居民會員。居民會員須預先繳交入會費，並須於每年 1 月 1 日前繳交七元年費；非居民會員則須於每年 7 月 1 日前遞交同樣是七元的年費。過境旅客可以向會方申請以訪客身份加入球會，會籍最長達十四天。[66]

會長（captain）可以說是球會的最高領導人，在各大小會議中擔任主席，並有權在總務委員會和年度會議中投票。要成為會長，必須廣受會員尊重，並擁有豐富的高爾夫球專業知識和行政經驗。球會一般管理事務由總務委員會決定，成員包括主席、秘書及四名會員。人選在年度會議中選出，司庫一職則從委員會中選出或推舉另外一名會員出任，並同時成為委員會成員。司庫負責管理球會財政，向會員收取入會費、年費、雜費和處理各種賬項，並將收入交總務委員會保管。球會年度會議於每年 3 月 31 日在快活谷舉行，球會上下成員皆可以出席，總務委員會須在會議上選出下任成員，通過財政報告，以及提出和表決有關會章和球會管理的一切事項。[67]

1911 年，球會成為註冊公司，公司章程中註明了成立目的，內容如下：

(1) 接管香港哥爾夫球會所有的財產、影響、利益與負債。

(2) 推廣高爾夫球及其他體育活動與康樂。

(3) 保留及管理快活谷以及深水灣的球場與會所，並於新界粉嶺或其他地方提供高球場、會所等設施予會員使用。

1921 年，球會決定修改會章，將總務委員會的組成辦法由原來的會長、

---

66  CO 129-276.

67  CO 129-276.

秘書及六名會員，擴大至主席、會長、秘書及九名會員。[68] 與早年的會章相比，申請入會的手續大致相同，會員類別改為打球會員（playing member）與非打球會員（non-playing member），並保留了榮譽會員及訪客制度。球會新增了 Subscriber 一類，對象包括駐港及駐華英軍、美軍指揮官，以及在香港船塢被列於海軍名單中的公務員。申請者可以經過會方投票同意後加入，並繳交與打球會員相同的月費（當時為五元）。另外，資深會員可以申請成為終身會員，終身會員資格須在年度大會上獲在席人士三分之二票數通過；終身會員的數目不可以同時多於六人。[69] 兩年後，球會設計了會徽及訂立球會格言「欲速不達」（Festina Lente），印製於會旗及球員外衣胸口口袋上。直至二次大戰前，會員人數維持在八百人至九百人左右。[70]

## 1.6.2 戰後會務的發展

1945 年 8 月 15 日，日本宣佈無條件投降，香港重光，社會百廢待興。同年 9 月 1 日，四名倖存的委員會成員（Alec Mackenzie、Robert Young、Dennis Blake、Hector Munday，合稱「四巨頭」）於赤柱集中營召開緊急會議，商討重組球會。Alec Mackenzie 在戰事期間受傷，視力受損，決定返回故鄉休養；秘書 Col. E.D. Matthews 亦不幸於集中營囚禁期間去世。因此，重組球會的重任落在 Dennis Blake 身上，由他擔任臨時會長。[71] 11 月 30 日，四十

---

68 CO 129-276, 9.

69 HKRS 58-1-27(57).

70 Spencer Robinson, *Festina Lente: A History of the Royal Hong Kong Golf Club*, pp.18-19.

71 Ibid, p.26.

名會員聚首一堂，檢視各個球場的現況，共商復興球會的大計。日佔期間，快活谷、深水灣及粉嶺三個球場分別遭受不同程度的破壞。會眾決定先重修粉嶺球場，但耗費龐大，加上會員數目由戰前的九百人大幅下降至兩百人，會方即使大幅增加會費，所得收入亦只是杯水車薪，因此不能一次過作大型整修，只能逐步重建球會。[72]

1947 年，球會召開戰後首個年度會議，會眾選出滙豐銀行執行官 J.A.D. Morrison 擔任會長，並支持領導層全力重建粉嶺球場。將戰前撥作興建新會所的財政儲備計算在內，會方預計整個重建計劃仍會令球會負債近四十萬元。因此會方大力邀請戰後返港的舊會員重新加入球會以增加收入，同時發行每手五百元的債券供會員認購以籌集資金。後來，滙豐銀行和怡和洋行鼎力支持，令球會在 1950 年代得以落實重建。[73]

在 1959 年的年度會議上，會長 T.F.R. Waters 就指出了球會在「1950 至 1956 年間，嚴格控制支出，以支付債務和積存儲備。自 1957 年起，球會開始逐步投入少量儲備用作改善及增加球場設施，特別是重鋪粉嶺球場新場果嶺的草坪，並改善深水灣會所的設備 …… 」，因此可能會在將來「推行一套可能令球會財務出現透支的財政預算 …… 作為一家球會，我們不應只為將來積存資金，反而應該盡我們所能，在現在和將來提供最好的設施予會員使用」。[74]

踏入 1960 年代中期，球會將行政部門由市區遷回粉嶺球場，財政狀況維持良好狀態，旗下的兩個球場亦運作有序，球會歷時近二十年的戰後重建計劃

---

72  Ibid, pp.26-28.

73  Ibid, pp.26-27.

74  Ibid, p.35.

大致完成。[75] 在管理架構方面，球會以戰前制度為基本框架，以會長為首，下設總務委員會，作為球會的最高決策機構。隨着會務日益繁重，總務委員會之下又設十多個小組委員會，以提升球會的管理效率及更有效地服務會員。總務委員會涵蓋球場管理、比賽、球僮、財政、康樂、工務等範疇，而當中最為管理層和會員關注的就是會員制度。[76]

自 1950 年代開始，申請加入球會的人數日漸增多，設施開始不敷使用，會員往往未能在預期的時段打球。據 1960 年度報告所記，當時球會的活躍會員共有一千七百七十八人，人數是戰前的兩倍。按會員種類細分，男會員中有正式會員（full member）五百八十人、附屬會員（associate member）一百九十三人、輪候附屬會員（waiting associate）一百四十九人、訂購服務者（service subscriber）九十七人、非打球會員（non-playing member）三十七人；女會員方面，打球會員（playing member）有五百四十一人、非打球會員（non-playing member）有一百七十三人。[77]

有見及此，球會管理層於 1960 年代初訂立了一系列新規例，以維持球會的運作效率。在會員申請方面，會方於 1964 年 7 月決定停止招收新會員，所有申請者不論國籍，一律列入候補名單。新例旨在鼓勵具有一定高爾夫球經驗的人士，而非初學者申請加入球會。新例實行之初，候補名單上多達六百人，預計輪候時間達兩年。後來會方放寬限制，推行五天會員制；這政策廣受歡迎，會員人數在 1966 年上升至一千兩百五十人。[78] 前會長鄭樹安見證了當時

---

75　Ibid, pp.38-39.

76　The Royal Hong Kong Golf Club, " Annual Report & Accounts 1969", p.3.

77　The Royal Hong Kong Golf Club, "Reports and Accounts 1960".

78　Spencer Robinson, *Festina Lente : A History of the Royal Hong Kong Golf Club*, p.35,38.

的轉變:「1954 年我從外國回港,經朋友推薦成為了球會的五天制會員(five day member),每星期有五日可以打球。當時高球在香港並不普及,只要有人介紹,就可以立刻入會。由於我需要在週末工作,放假時間很少,所以入會不久放棄了會籍。到了 1960 年代,申請入會已經需要輪候,其實等三兩年就可以成為五天制會員,或繳付果嶺費十元以非會員身份在粉嶺打一整天球。但我堅持要成為正式會員(full member),結果一等就等了十年。」[79] 除了控制會員數量,球會亦嘗試分流會員至不同的球場,包括規定使用粉嶺球場的會員,不論年資,凡未能通過讓桿委員會審核者,只能在伊甸場打球,不得使用舊場和新場。[80]

## 1.6.3 華人會員影響力日增

七八十年代,香港逐漸發展成國際大都市,居民生活質素不斷提升,人人追求健康生活,高爾夫球運動亦開始普及,吸引了不少華人參與。這段時期球會的發展亦反映了當時的社會變化。隨着華人會員人數增加,他們逐漸在球會的管理上和決策上發揮影響力,使球會不再如早年般由外國人主導。球會內的不少資深會員對這個階段的轉變記憶猶新,來自蘇格蘭的資深會員 Sandy Hamilton 回想 1965 年加入球會時的情況時說:「當年我二十五歲 …… 會內的華人會員很少,而與我年紀差不多的更只有 Bertie To 一人。他曾經擔任愉景灣高爾夫俱樂部的經理,現在已經去世。當時會內大部分華人會員來自北方,

---

79 口述歷史訪談,鄭兆權先生、鄭樹安先生,2016 年 4 月 18 日。

80 Spencer Robinson, *Festina Lente : A History of the Royal Hong Kong Golf Club*, p.37.

蔡永善醫生在 1972 年成為香港哥爾夫球會首位華人會長

例如吳肇基先生、蔡永善醫生這些廣東人只是華人會員中的少數。」[81]

當時華人會員人數少，待遇亦不如外籍會員。前會長黃達琛回憶道：「先父黃炳禮在 1960 年代初介紹了很多嶺南同窗入會，例如唐天燊、郭文藻等人，比我父親更早入會的，還有林瑞源在內的幾位 …… 殖民地時代西人歧視我們華人，人家只是給面子才讓我們打球。那時候中國人申請入會，只能成為附屬會員，沒有投票權，會務方面沒有發言權。」[82]

到了 1970 年代，華人會員開始在球會決策上擁有發言權，其中蔡永善醫生更在 1972 年成為首位華人會長。資深會員吳肇基指出，「當年球會旗下的球場沒有甚麼設施，大家都是在烈日下打球；偶爾在樹蔭、太陽傘下練習。後來大家覺得這樣不行，希望改善設施，但球會沒有資金，The Duffers 的會員就希望出資協助，可惜球會當年的會規不容許這樣做。當時我在會內較有地位，也經常在粉嶺球場留宿，與會長關係不錯；後來會長就容許我們匿名贊助興建四個發球台的練習場（driving range）。1977 年我擔任會長，決定擴建練習場，也為球場興建停車場，改善球會內的設施 …… 當時球會的球僮不可以在會內球場打球，我於是和其他會員替他們爭取打球的機會，並邀請 Joe Hardwick 擔任教練，又為他們舉辦一年一度的比賽，讓他們提高對高球

81  口述歷史訪談，Mr Sandy Hamilton，2016 年 5 月 5 日。

82  口述歷史訪談，黃達琛先生，2016 年 5 月 20 日。

的認識和競技水平。他們當中有幾個後來表現很好，努力成材，更成為高球教練」。[83]

除了華人會員在球會管理上逐漸發揮影響力外，會員制度亦變得比以往開放，開始容許華人會員的子女申請入會。現時會內不少資深會員都是當年受惠的一群。郭素姿女士回憶道：「1967 年『暴動』，父母不放心把我留在家，於是週末帶我到球會留宿，並在父親鼓勵下開始打球。當年球會雖然容許小孩子打球，但真正入會的年輕人不多，球會也沒有嚴謹的制度。球會當年並不如現在那樣 children friendly，不會優待我們。我們這些青少年會員（junior member）有很多限制，球會內很多地方都不准我們坐下，而且容許我們打球的時段很少；粉嶺場下午 4 時半以後成人會員不再打球，我們才可以進場。當年男女青少年會員之間碰面的機會不多。在訓練方面，我們除了由父母指導，也可以由教練一對一指導。當年青少年會員的教練是球會助教（Assistant Pro）鄧樹榮，有時候我們不想打球，就到旁邊的農田騎牛；不過農民當然不太喜歡我們這些行為。」[84]

在郭女士加入球會後數年，球會修改了會規，容許華人會員成為正式會員，父母為會員的青少年會員同樣受惠。1973 年黃達琛從外國畢業回來，夏天到粉嶺會所玩；球會經理 Gordon Minto 對黃達琛說他已經十八歲，填好表格就可以申請成為正式會員了。[85] 鄭兆權指出，青少年會員的待遇到了 1980 年代就更為理想。他從小就是青少年會員，一般而言到了十八歲就可以申請成為正式會員。如果青少年會員仍在求學，超過十八歲仍然可以保留會籍；在職的

---

83　口述歷史訪談，吳肇基先生，2016 年 4 月 19 日。

84　口述歷史訪談，郭素姿女士，2016 年 4 月 19 日。

85　口述歷史訪談，黃達琛先生，2016 年 5 月 20 日。

則必須在二十一歲前提出申請入會,否則會籍會被取消。[86] 總括而言,隨着香港社會過去幾十年的急劇變遷,華人會員在球會的地位日益提高,大大地改變了球會的面貌。

## 1.6.4 女會員部的發展

創會初期,球會只歡迎男性會員使用球場,女士只能作座上客,觀看伴侶和家人打球。直至 1895 年,時任會長的 Commodore Boyes 才放寬有關規例,容許女士在「有限制的情況下」在快活谷打球,但當中細節無從稽考。到了 1897 年,女性球手終於得到政府批准在黃泥涌遊樂場建立一間專用棚屋,但必須按球會的規定於指定時間打球;不過,興建女性專用球場的申請卻被當局以空間有限為理由拒絕。翌年,深水灣球場開幕,球會才容許女士隨意前往該處打球;深水灣球場亦因而被人戲稱為專供 Poodle-fakers(向女人獻殷勤的男子)使用的球場。到了 1903 年,會方訂立新規定,女士只限於星期日使用快活谷球場,深水灣球場則不受限制。[87]

1920 年代,參與香港高爾夫球運動的女士增加,會方開始舉辦女子高球賽,但並未容許女士申請入會。經過近十年的討論,會方於 1932 年終於同意讓女士申請入會,每月繳交兩元會費,比男士七元的月費少得多。兩年後,女會員部選出了首位女會長 Mrs. P.S. Cassidy,任期一年,此後每年的會長皆由女會員投票選出,制度一直維持至今。二次大戰後,會方同意採用戰前安排,

---

86 口述歷史訪談,鄭兆權先生、鄭樹安先生,2016 年 4 月 18 日。

87 Spencer Robinson, *Festina Lente: A History of the Royal Hong Kong Golf Club*, p.6,51; "Government Notification no. 468", *The Government Gazette*, 1897-11-06; *The Hong Kong Weekly Press*, 1896-03-12.

讓女會員繼續以繳交月費的形式延續會員資格；沒有會員資格的女士亦可以在男會員的陪同下，前往打球，每次繳付一元果嶺費。[88]

1947 年，女會員部在梅夫人婦女會召開戰後首次會員大會，由 H.G. Sturgess-Wells 出任戰後首位女會長，領導會員重建球會。同年 10 月 21 日，球會舉辦首屆女會員同樂日（The Ladies' Day）；剛好這年在滙豐銀行大廈尋獲戰前的五個比賽獎盃 The Railway Cup、Taggart Cup、Ross Cup、Championship 和 Glover Cup，可以隨時送返女會員部供比賽時使用。後來跟這五個獎盃相關的比賽一直舉辦，直至今天。踏入 1950 年代，女會員部亦開始負責球會事務，例如自 1956 年開始為會員舉辦年度舞會（當時稱為 The Golfers' Dance）；年度舞會歷年舉辦地點包括半島酒店和淺水灣酒店，是球會每年最受歡迎的聯誼活動之一。[89]

1960 年代加入球會的若井節子女士，是會內第一位來自日本的女會員，她見證了女會員部當年的情況。她回憶說：「當年日本女性一般跟隨丈夫打球，單身女性持有球會會籍的情況很罕見，而且日本的高球場與外地球場很不一樣，除了會所，有些球場還有溫泉，像個度假村 …… 1960 年代末，我來到香港公幹，希望加入球會，但我對入會的制度並不認識。幸好我一位朋友的朋友是球會總務委員會的成員，他協助我加入球會。當年我的官方差點積分大約是二十六，水平還算是合理，得到球會發出的證書。會內的女性會員以英國人為主，有一兩位女士是中國人，我是第一個來自日本的會員。有時候，我和其他女性會員逢星期六在球會住宿過夜，然後在星期日下午回家。當年女會員逢星期二舉行比賽，大約有二十名至三十名會員參加，大部分是英國人；她們

---

88  Spencer Robinson, *Festina Lente: A History of the Royal Hong Kong Golf Club*, p.71.

89  Ibid, p.73.

很講求紀律，我來自日本，對此自然習以為常。我當時的表現不錯，差點曾經升至十一桿。」[90]

華人女會員除熱愛高球活動，也積極投入會務。

到了 1980 年代，女會員部的規模在國際上名列前茅，有近三百名會員擁有差點積分。當時逢星期二定為女會員同樂日，每年為女會員舉辦的大小比賽共八十項，平均每項有四十人到六十五人參加。除了比賽，女會員亦關心會務，負責照顧青少年會員，並協助球會舉辦賽事，回饋社會。[91]若井節子從 1980 年代起協助球會舉辦慈善高爾夫球賽，負責向香港的日資企業推廣有關活動。若井女士負責統籌慈善活動近三十年，是球會推廣慈善活動的一位幕後功臣。[92]

## 1.6.5 球會過渡九七

1980 年代，香港社會受前途問題困擾，但對球會發展未有太大的影響。資深會員 Sandy Hamilton 指出：「1984 年的香港政治形勢對球會幾乎沒有影

90　口述歷史訪談，若井節子女士，2016 年 5 月 5 日。

91　Spencer Robinson, *Festina Lente: A History of the Royal Hong Kong Golf Club*, p.73.

92　口述歷史訪談，若井節子女士，2016 年 5 月 5 日。

響，會員都在關注香港的租借條款，而不是球會的租約；結果球會在 1990 年代成功延續土地租約。1997 年主權移交之際，我們有幸由榮智健先生擔任球會主席，帶領我們走過那段時期。球會除了除去皇家頭銜外，無須作出重大改變。早在 1984 年 World Amateur Team Championships 在香港舉行之際，我就已經與世界上最頂尖的高球會 The Royal and Ancient Golf Club of St. Andrews 的高層談及更名一事，並解釋個中原因，但他們表示這不會影響到兩者往後的關係。」[93] 除了更改球會名稱，會方因應《性別歧視條例》生效，不再按性別區分會員身份。[94]

那時候球會的管理架構已經發展得相當成熟，會長一職亦開始多由外國人和華人輪流出任。[95] 除了完善的管理架構，管理層如何實行管理哲學，亦是決定球會能否有效運作的重要因素。在球會工作近四十年的餐飲部主管鄧新發認為，不論是外國人還是華人做會長，都能夠維持球會傳統，同時為球會發展帶來新思維。他回憶說：「1977 年，親戚建議我到球會當實習生，自此一直在球會工作到現在，前後差不多三十九年。球會花了很多資源培訓員工，我從侍應做起，接着晉升主任，再到現在的餐飲部主管。球會當年即使資源有限，仍非常樂意培訓員工。例如當年球會特意從希爾頓酒店 Eagle's Nest 請來一位大廚，將法式料理的經驗傳授給我們。另外，幾十年來球場附近很多村民的生計都由球會支撐，廖姓和簡姓的村民與球會的距離最近。現在球會仍有不少服務多年的老員工，很多是球僮；也有從事會所和餐飲服務的，當中有些人已經工

---

93  口述歷史訪談，Mr. Sandy Hamilton，2016 年 5 月 5 日。

94  The Royal Hong Kong Golf Club, "Annual Report & Accounts 1996", p.5.; The Royal Hong Kong Golf Club, "Annual Report & Accounts 1997", p.4.

95  口述歷史訪談，鄭兆權先生、鄭樹安先生，2016 年 4 月 18 日。

作了超過五十年。」[96]

　　鄒桂昌教授於 1980 年代加入球會擔任球場經理，是香港較早一批投入高球場管理專業的華人，亦是香港為數不多的草地保養專家。回顧在球會十年的工作生涯，他對上司的工作態度和處事方式留下深刻的印象。他說：「當時我的上司是退休的怡和洋行大班 W.G. Minto，做事很謹慎，採用典型的英式管理哲學，很保護自己的員工。⋯⋯ 當年球會很多會員是富豪，要求很高，投訴很多。我的宿舍面對舊場（old course）第一個洞的果嶺，果嶺前有一條小河，河兩岸有兩條枕木橋，橋的入口有些路障，是防止高球車駛進去，會員要把車子停在球道。有一次，一位上了年紀的會員向我們投訴跨不過去，W.G. Minto 着我打發他們，說如果跨不過去就 "shouldn't play golf"（不應該打高爾夫球）。此外，伊甸場五號球洞是一個升高了的地台，旁邊有長草圍着，有個會員把球打到草堆裏，找了半個小時仍遍尋不獲，最後向我們投訴草長太高。我們都知道，打球總需要一點難度，所以 W.G. Minto 就跟他說 "In the first place you shouldn't have put the ball there"（你一開始就不應該將球打到這裏）。⋯⋯ W.G. Minto 跟我說得很清楚，凡是會員要求我做的事，都要對他匯報，甚至寫下來，再由他決定。跟隨 Minto 工作多年，使我明白到作為主管，必須親力親為，瞭解事情的緣故，才可以向下屬講解，才能得到下屬的信任。」[97]

　　踏入 21 世紀，會方確立長遠的發展目標，致力將球會發展為「南中國地區最佳的高球會」，並保持球會在亞太區內的領先地位。2000 年，球會的活躍會員人數約有兩千一百人之多。考慮到申請入會的人數眾多，球會處理正式

---

96　口述歷史訪談，鄧新發先生，2016 年 11 月 19 日。

97　口述歷史訪談，鄒桂昌教授，2016 年 4 月 8 日。

會員申請時會優先考慮現有的非正式會員，例如五天會員及青少年會員。現時會方將會員人數上限訂於兩千五百人左右，一方面可以照顧到會員希望帶同家人、朋友使用球場設施的需要，另一方面又可以避免球場出現擠逼的情況。[98]

　　與此同時，球會一如既往與會員保持緊密聯繫，以會員需要為首要考慮。管理層歡迎會員隨時為球會的長遠發展提供寶貴意見，甚至加入管理層出謀獻計。鄭兆權笑言：「其實會員願意做事，人緣好，瞭解球會事務，就可以加入總務委員會。」[99]

## 1.6.6　推廣高爾夫球運動

　　除了維持場地的水平以及照顧會員利益，球會亦致力於維持與香港高爾夫球總會的緊密關係，並配合總會在 21 世紀推廣青訓的新策略。現時在球會兼任青少年教練的黃煥民，就是球會與總會第一代的青訓學員。「我是蓮塘尾的居民，早年做球僮是村民加入高球圈的唯一方法。到了 1990 年代初，香港哥爾夫球會與香港高爾夫球總會（HKGA）推廣青訓，我被小學老師選中，於是開始打高球。到了中學，同期的年輕人大部分都離開了，後來教練希望我重拾球桿；我住在附近，球會又讓我們在下午練球，所以我答應參加比賽累積經驗，漸漸就愛上高球 …… 大家都認同青訓計劃做得越來越好，打高球的小孩子增多，場地、設施、教練的水平都有所提升，高球早已不再是貴族運動。」[100]

---

98　The Hong Kong Golf Club, " Annual Report & Accounts 2000",21; "Annual Report 2004," p.6-7.
99　口述歷史訪談，鄭兆權先生、鄭樹安先生，2016 年 4 月 18 日。
100 口述歷史訪談，黃煥民先生，2016 年 4 月 28 日。

多年來得到球會栽培的資深會員兼八屆球會冠軍及香港業餘錦標賽冠軍的職業高球手黃震坤指出，2000 年前後是青訓計劃的轉捩點：「球會逐漸對外開放後，有助普及高球，讓別人知道高球不只是俱樂部活動，而是一項面向大眾的體育項目。球會在這方面肩負了很大責任。同時，高球總會確立了長遠的青訓策略，聘請 Brad Schadewitz 為港隊教練。現時香港具天分的年輕球員，例如 Tiffany（陳芷澄）、Michael（黃子龍）等都是從千禧年代開始受訓；當中 Tiffany 成績最好，業餘世界排名頭五十位之內。高球總會需要幫忙的話，球會一定全力支持。我們推廣高球運動，不只是推廣球會自身，亦是為了下一代，所以我希望粉嶺這片土地可以讓我們的年輕人在未來發光發熱。」

黃煥民和黃震坤都認為青訓計劃未來的發展關鍵在於土地和配套。二人認為粉嶺球場在推廣高球方面一直不遺餘力，實在沒有搬遷或收回的理由。「現時高球總會希望在將軍澳興建訓練場連九個球洞，但如果幾年後政府又要收回粉嶺土地，即使有學生想接觸高球，都沒有練習的地方。」[101] 最近兩三年的東北發展計劃，引起社會廣泛討論，不少人關注粉嶺球場的使用狀況和租約問題。鄭兆權指出，管理層和會員不但沒有負面看待有關爭論，反而認為這是一個讓公眾認識球會的良好契機。會員一直十分樂意協助球會的社區外展（community outreach）工

高球名宿 Gary Player 在粉嶺球場巧遇地區小學生上高球課，一時技癢，即場作出指導。

---

101 口述歷史訪談，黃震坤先生，2016 年 4 月 28 日。

作，例如近年球會積極鼓勵本地學校參與高球活動，又開放球場讓學生參觀，認識場內的生態環境。同時，球會教練每天下午都會為一百名學生授課，為青少年推廣高球。2015 年為了慶祝球會創會一百二十五週年，球會將果嶺費下調至一百二十五元，讓非會員的本地居民亦可以在會內的球場打球，費用比賽馬會資助的滘西洲球場更為便宜。球會亦希望可以在社區中有所貢獻，藉此消除外界對球會的種種誤解。[102]

　　儘管如此，政府始終沒有改變初衷，並在 2019 年 2 月宣佈收回球會部分用地以興建房屋。

為普及化高球運動，球會安排教練提供高球訓練予北區學生。

---

102 口述歷史訪談，黃震坤先生，2016 年 4 月 28 日。

球會利用位於粉嶺球場舊場旁的多用途體育球場，支持區內青少年足球發展。

除了高球，香港哥爾夫球會一直支持多元體育發展，粉嶺球場內的舊場自 1979 年起一直為中學校際越野錦標賽場地。

## 1.7

# 百週年慶典

## 1.7.1 1989 年：百週年慶典活動的籌備

1989 年是球會成立一百週年，會方早在 1985 年就成立了百週年委員會籌辦慶祝活動。委員會主席由 Tim Bewley 法官出任，Gordon Minto 則擔任秘書，其餘成員以資深會員為主。委員會首先決定百週年慶典以 1989 年 11 月 13 日起的一星期為核心，在此期間舉辦多項大型慶祝活動。選好日子後，委員會聯絡 Fanlingerers[103]、前任會長、榮譽終身會員、終身缺席會員（Life Absent Full Members)、海外會員及海外其他高球會的代表，希望他們能於百週年慶典舉行期間與香港的會員聚首粉嶺，一同分享這份喜悅，並於綠茵場上揮桿競技，同時享受美酒佳餚。籌委會得到各方的支持後馬上聯絡旅行社，為

---

103 The Fanlingerer 成立於 1951 年，創辦人為戰前曾任香港哥爾夫球會會長的 Bob Young 及 Alex Mackenzie，成員包括香港哥爾夫球會的會員及各方友好。該會為慈善組織，旨在透過舉辦高球活動，為蘇格蘭的退伍軍人機構 Scottish War Blinded 籌款。到了 1980 年代，隨着 Scottish War Blinded 的受助對象相繼離世，The Fanlingerer 轉而支持香港的慈氏護養院及英國的 Gurkha Welfare Trust。踏入 21 世紀，有感大部分會員相繼退休或離世，領導層徵詢會員意見後，決定該會於 2006 年 6 月 7 日解散，而餘下會員則一併加入姊妹機構 China Golfing Society。

身在英國的會員安排行程，並決定在 1989 年 12 月 4 日起的一個星期裏，再舉辦一個專門讓終身缺席會員和 Fanlingerers 參加的慶典。[104]

球會為了答謝姊妹球會多年來對年度埠際賽的鼎力支持，邀請了曼谷皇家體育俱樂部（Royal Bangkok Sports Club）、雪蘭莪皇家高爾夫球會（Royal Selangor Golf Club）以及新加坡島嶼鄉村俱樂部（Singapore Island Country Club）組隊來港，參加球會主辦的百週年四角邀請賽。四角邀請賽於 1989 年 10 月 7 日至 8 日舉辦，每個球會派二十五人參加以競逐冠軍寶座。[105]

場地方面，籌備委員會屬意於深水灣球場舉行開幕酒會，希望讓老會員舊地重遊。開幕後，嘉賓可以在往後數天於粉嶺球場盡情練習高球，並在週末參加比賽以及賽後的晚宴和舞會。另外，籌委會為遠道而來的海外球會代表安排了一連三日的史特伯福特比賽（Stableford），在粉嶺三個球場輪流較量切磋。比賽過後，會方在尖沙嘴凱悅酒店安排了盛大的百週年晚宴。[106]

為了使來賓留下難忘的印象，會方訂製了一系列具有收藏價值的紀念品。紀念品以禮盒形式派發，盒中有印有百週年紀念標誌的高爾夫球、紀念領帶、特別設計的粉嶺球場「揮桿指南」、發球座，以及介紹球會百年歷史的精美書冊等。[107]

為了配合盛大的慶祝活動，會方亦展開了一系列工程以改善會所及球場的設施，務求粉嶺球場可以在最佳狀態下迎接百週年慶典。除了早前提及的灌溉系統升級工程外，會方亦將新草種 Tifway 419 的試驗計劃擴展至新場和伊甸場，重鋪各個球洞的草坪。新場的工程於 1988 年 8 月完成，而伊甸場的工

104 Royal Hong Kong Golf Club, *Centenary Celebrations 1889-1989* (Hong Kong: The Club,1989), pp.3-5.

105 Royal Hong Kong Golf Club, *Centenary Celebrations 1889-1989*, p.5.

106 Ibid, p.6.

107 Ibid, p.7.

程則於一年後完成。粉嶺會所亦暫時關閉以便大修，爭取於 10 月 7 日及 8 日四角邀請賽舉辦之時重開餐廳、飯廳等大部分設施。雖然會所未能趕及在原定的 10 月 9 日正式重開全部設施，但最終趕及在百週年慶典開幕前完成工程。10 月 22 日，粉嶺會所重開，並舉辦了雞尾酒會慶賀。[108]

為配合百週年慶典開幕，籌委會曾計劃於深水灣球場舉辦年度舞會，惟因費用過高而放棄；不過，每年一度的 Captain's Drive-in 如期在 5 月球會舉辦週年大會當天於粉嶺會所舉行，並設有雞尾酒會招待賓客。[109]

## 1.7.2 四角邀請賽

1989 年 10 月 6 日，大會設中式晚宴招待參與四角邀請賽的貴賓。由於申請參加代表香港哥爾夫球會出戰的會員人數眾多，會方只能抽籤決定參賽代表。比賽規定每隊由二十五人組成，每日表現最佳的十五名隊員的成績將被計算在總成績內。比賽以史特伯福特（Stableford）形式進行，共設兩輪比賽，星期六、星期日各舉行一輪。由於粉嶺會所尚未完成翻新工程，會方臨時於舊場十八號果嶺後方搭建大型帳棚接待選手；幸好比賽的兩天天朗氣清，對選手發揮未有影響。第一輪比賽在粉嶺伊甸場舉行，賽後選手轉往深水灣球場享受港式大排牌晚宴；第二輪比賽於粉嶺新場舉行，賽後球會於沙田賽馬會舉行頒獎典禮。經過一番龍爭虎鬥，坐擁主場之利的香港哥爾夫球會勇奪冠軍。[110]

四角邀請賽順利完成後，緊接下來的就是海外高球會參與的百週年紀念錦標賽（Centenary Tournament）。在籌備比賽的階段，球會找來 Combined

---

108 Ibid,pp.8-9.

109 Ibid, p.10.

110 Ibid, pp.10-11.

Services Golfing Society 協助，於粉嶺會所外的練習果嶺四周豎立了近五十枝旗桿，讓到訪的代表得以懸掛他們的會旗；結果比賽舉辦期間會所外旗海飄揚，非常壯觀。接待方面，會方為各地代表安排往來市區的交通，並在代表下榻的酒店派發精美的百週年慶典紀念場刊和小冊子；籌委會秘書 Minto 更多次出馬，親自前往酒店檢查，確保安排順利妥當。除此之外，籌委會參考了前會長 Gordon Macwhinnie 的建議，邀請會員義務擔任來賓的「夥伴」和「導遊」，陪同他們到香港各區觀光購物，當然少不了在粉嶺球場切磋球技。會員反應踴躍，每位賓客都可以配對一位「夥伴」，球會因此亦成功安排二對二的高爾夫友誼賽，每位訪客都有機會於粉嶺三個球場上揮桿競技。在籌委會的推動下，會員放下繁重的工作，於週末專程前往粉嶺接待來賓，當中部分人甚至在百週年慶典開始前的一個星期就相約來賓前往球場練習。會員和賓客見面時，均會繫上由大會提供、印有姓名及所屬球會會章的名牌，方便互相認識。[111]

## 1.7.3 百週年紀念錦標賽

1989 年 11 月 13 日星期一，Time Bewley 連同會長 M.J.E. Thornhill 以及女會員部成員於早上 9 時齊集接待處，靜候第一批嘉賓抵步。會方安排了四輛旅遊巴往來粉嶺球場和九龍市區接送貴賓。會方為方便訪客，特意將一個貨櫃改裝成存放球桿和球袋的倉庫。賓客到場後，可以前往會所參觀和休憩，並按照大會訂立的時間表，按時前往相應的球場參加友誼賽，期間亦可以前往位於泳池旁邊的圓廳享受小食和飲料。[112]

---

111 Ibid, pp.11-12.

112 Ibid, pp.13-14.

翌日，女會員部為女賓安排友誼賽，而男士則忙於為數天後的百週年紀念錦標賽操練。晚上，大會於深水灣球場舉辦雞尾酒派對，讓訪客和會員聯絡共歡。星期三晚上，球會主席哥登爵士在半島酒店設宴，款待專程返港的八位前任球會會長和他們的家眷。[113]

星期四，百週年紀念錦標賽正式展開。當天陽光普照，比賽順利完成。到了晚上，大會按計劃於凱悅酒店舉行百週年晚宴。球會監護人港督衞奕信雖然因公事未能出席，仍不忘親筆來信道賀，恭祝百週年慶典完滿成功。晚宴共約有三百三十位會員和嘉賓出席，當中不少嘉賓按照傳統穿上所屬球會的紅袍赴宴。在宴會開始前，前球會會長 A.R. Sandy Hamilton 提議向來賓祝酒，接着由球會會長 M.J.E. Thornhill 讀出英女皇陛下及皇太后祝賀球會成立百週年的信函。及後，皇家高爾夫俱樂部（The Royal and Ancient Golf Club）會長 Michael Attenborough 提議向東道主祝酒，並送贈銀製雙耳小酒杯，作為球會百週年誌慶的禮物。[114]

翌日，百週年紀念錦標賽的餘下比賽繼續在粉嶺球場上演。經過三天的激烈比拼，曼谷皇家體育俱樂部在會長 Vichit Churasorn 和副會長 Bhumindr Harinsuit 帶領下勇奪桂冠，成績為兩百一十三分；由 Peter Bennett 和 Richard Hamlin 領軍的澳洲俱樂部（Australian Club）則以兩百零六分屈居亞軍。11月 18 日，會方於粉嶺會所舉辦頒獎典禮，並附設自助晚宴及舞會。舞會尾聲，會長和 Vichit Churason 分別代表香港哥爾夫球會和海外來賓致謝辭，標誌着一連三天的百週年冠軍杯比賽完滿閉幕。[115]

12 月 1 日，球會於灣仔會議展覽中心舉辦百週年舞會，約有九百名賓客

---

113 Ibid, p.14.

114 Ibid, pp.15-16.

115 Ibid, pp.16-17.

出席。當晚的重頭戲是英國愛丁堡公爵皇家軍團軍樂團表演著名的號角二重奏（post horn duel）和鼓樂表演，接着由香港著名女歌手葉麗儀大展歌喉，並即席演唱她為高爾夫球創作的歌曲。[116]

12 月 4 日，專門為缺席會員及 Fanlingerers 而設的百週年誌慶活動正式展開，首項節目是深水灣球場的歡迎酒會和宴會。當日的焦點是滙豐銀行主席 William Purves 代表公司向球會送贈價值連城的 18 世紀英式古董鐘。古董鐘雖然歷盡風霜，卻歷久常新，象徵球會與滙豐銀行一百年來的深厚友誼牢不可破。事實上，球會在二次大戰後得到滙豐銀行和大班摩士爵士（Sir Arthur Morse）的支持，才能度過難關，否則，球會很可能就此成為歷史。[117]

開幕酒會過後，大會先後為女賓（星期二）和男賓（星期四、星期六）舉辦友誼賽，同時又舉辦舞會，參觀海洋公園和探訪石澳高球會等活動。在活動的最後一天，大會舉辦雞尾酒會，隨後由皇家香港警察樂隊表演「鳴金收兵」（Beating of the Retreat）儀式，象徵當晚的派對完滿結束。為答謝籌委會不辭勞苦地安排活動，來自澳洲的 Fanlingerers 特意從澳洲訂製一塊木製榮譽板（Honours Board），贈予球會以表心意。The Duffers 亦將一套仿製自皇家高爾夫俱樂部會所藏品的油畫送贈球會，留為紀念。這套油畫和榮譽板，連同滙豐銀行送贈的古董鐘，均放置在粉嶺會所內，供會員和訪客欣賞。12 月 26 日，Mike Tibbatts 率領賽馬會雙魚河會所會員策騎駿馬，前往粉嶺會所參加派對。這個派對是百週年慶典的最後一項活動，活動過後，雙魚河會所將一個印有百週年紀念標誌的大型高爾夫球送贈球會，會方將其安置在粉嶺球場位於粉錦公路的入口處，成為球會一個醒目的標誌。[118]

---

116 Ibid, pp.17-18.

117 Ibid, p.18.

118 Ibid, pp.18-19.

第二章

球場篇

# 快活谷高爾夫球場

　　1889 年，香港哥爾夫球會成立之初，會眾計劃在九龍半島興建球場，並希望駐港英軍能慷慨解囊，撥出九龍其中一塊軍營用地供球會使用。不過，即使球會有港督和船政司兩大重量級人物牽頭，駐港英軍亦無動於衷，事情最終不了了之，幸而 Stewart 和 Rumsey 並未因此放棄計劃。當時維多利亞城東部一帶地段發展漸上軌道，Stewart 決定在該區覓地興建球會的大本營。同年 9 月，在港督德輔的協助下，球會獲得批准在快活谷馬場跑道內圍興建球場。

　　快活谷馬場除了舉辦賽馬活動外，也是維多利亞城內的重要康樂用地。在球會進駐快活谷以前，其他體育會和駐港英軍早已在場中劃分勢力範圍，舉行木球、足球和曲棍球等體育活動；駐港英軍則會做軍事訓練和閱兵儀式。在地少人多的情況下，球會只好與其他機構輪流使用場地。當時會方邀請駐港英軍 Capt. Horatio Norris Dumbleton 設計場地，除了是皇家工程師（Royal Engineer）外，Dumbleton 還是當時 The Royal Engineers Golf Club 的成員，可說是不二人選。[1]

　　Dumbleton 雖然是專家，但在設計場地時亦面對不少困難。快活谷因地形問題，向來有「瘴氣之地」的稱號；該處蚊蟲滋生，時有疫症，遇上大雨則容易水淹。[2] 此外，場地與其他機構共用，球場上因此不能設沙坑（bunker），以免影響其他體育活動。總結上述種種問題，快活谷顯然不可能建造符合英國傳統標準的高球場。Dumbleton 惟有發揮創意，以鐵絲網（close-mesh wire netting）代替沙坑，並在果嶺（tee）上鋪設小塊花崗石，模擬球洞的效果。1890 年 1 月，球場第一個發球台和球道完成。同月，球會決定逢星期一及星期五在快活谷舉行例行聚會，會員在每次聚會可打三局球，每局收費四毫。球會同時在場內搭建木棚供會員休憩，並售賣小食。[3] 同年夏天，球會已在快活谷設了九個具有區隔的發球台、球道和果嶺。翌年 4 月 22 日，*Hong Kong Telegraph* 以半版篇幅向讀者介紹高球的歷史、玩法和規則，這一年的球會會員人數首次衝破一百大關，高球似乎在香港已漸漸引起公眾關注。[4]

　　快活谷球場既然有異於傳統，自然有其獨特的趣事。在九個球洞之中，以暱稱為「痛苦」（Misery）的第八洞最具挑戰性；因為果嶺旁有一個池塘，稍一不慎就會把球打進水中。據說港督德輔打球時多次在第八洞失手，結果一怒之下將池塘填平，永久解除了「痛苦」。[5]

---

1　T.F.R. Waters, *History of the Royal Hongkong Golf Club* (Hong Kong: South China Morning Post, 1960), pp.5-6; Dennis Way, *The Mandarins of Golf*, 39-44.; *The Hong Kong Weekly Press* 1896-03-12.

2　William des Voeux, *My Colonial Service in British Guiana, St. Lucia, Trinidad, Fiji, Australia, Newfoundland, and Hong Kong, with Interludes* Vol.2 (London : J. Murray, 1903), p.256.

3　T.F.R. Waters, *History of the Royal Hongkong Golf Club*, p.6; Dennis Way, *The Madarins of Golf*, p.31.

4　T.F.R. Waters, *History of the Royal Hongkong Golf Club*, pp.6-7.

5　"Clubs(15)" in *Old Hong Kong by Colonial*, p.211.

　　1903 年，政府放寬球會使用黃泥涌遊樂場的時間限制；除星期二、星期六外，其他日子也可以在該地舉辦活動和聚會；不過此舉對改善該區的擠逼情況沒有太大幫助。當時有一位相信是球會會員的讀者致函 *The China Mail*（《中國郵報》），指快活谷球場和球會會所環境十分擠逼，即使夏季天氣良好的時候，場地狀況亦不甚理想，冬季時則更不便於打球。[6]

　　其實黃泥涌遊樂場的使用並非完全不能接受。雖然幾個機構不斷互相爭奪場地的使用權，但實際上仍然可以和平共處。有一年，球會舉行球會錦標賽（Club Championship）的時候，球場旁的木球員主動暫停活動，讓賽事在不受干擾的情況下順利舉行。事後，球會亦不忘向木球員表示感謝。[7]

---

6　*The China Mail*, "A Golf Professional for Hong Kong", 1903-9-3.

7　Spencer Robinson, *Festina Lente: A History of the Royal Hong Kong Golf Club* (Hong Kong : Royal Hong Kong Golf Club, 1989), p.8.

到了 1905 年，球會甚至可以每天都使用黃泥涌遊樂場舉辦活動；當時共同使用場地的機構，還包括紀利華木球會（Craigengower Cricket Club）、穆斯林遊樂會（Moslem Recreation Club）、香港足球會（Hong Kong Football Club）、巴斯木球會（Parsee Cricket Club）、郵政總局遊樂會（General Post Office Recreation Club）、曲棍球會（Hockey Club）、香港基督教青年會木球會（Y.M.C.A. Cricket Club）、駐港英軍、公務員、警察。另外還有聖士提反書院（St. Stephen's College）、聖約瑟書院（St. Joseph's College）和皇仁書院（Queen's College）三所學校，場面熱鬧非常。[8]

1930 年，遊樂場地委員會（Playing Fields Committee）向港督遞交報告，認為「快活谷是球會的大本營，也在某程度上發揮了市立高球場（municipal golf course）的角色，可達度高，又可容納多人同時打球，是其他地方不能比擬。故此，如非必要，不應要求球會放棄使用快活谷土地的權利」。[9]至二次大戰前，快活谷和深水灣球場再沒有其他大型改動。[10]

1941 年 9 月 14 日，球會在快活谷球場舉辦了淪陷前最後一場大型比賽 —— 快活谷冠軍盃，R.K. Collings 以一百五十二分勇奪冠軍，J.M. Thomson 則以兩分之差屈居亞軍。[11]這一年底，香港淪陷，快活谷球場的歷史亦告一段落。

8　"Government Notification no. 752", *The Government Gazette*, 1905-11-10.

9　HKRS 58-1-85 (28).

10　Spencer Robinson, *Festina Lente: A History of the Royal Hong Kong Golf Club*, p.52.

11　*The Hong Kong Daily Press,* "Collings Wins Valley Golf Championship", 1941-09-15.

# 深水灣高爾夫球場

## 2.2.1 緣起

　　香港哥爾夫球會雖然在快活谷建立了大本營，但 1890 年 11 月 22 日的政府憲報申明，球會只能在每週的星期二、星期六兩天在黃泥涌遊樂場（Wong nei-chung Recreation Ground）活動，其他日子則由駐港英軍和足球會輪流使用。[12] 礙於空間不足，並且要與其他機構爭奪場地使用權，球會的發展受到極大的制肘。

　　1892 年，政府進一步修訂規例，由工務司署管理黃泥涌遊樂場，並處理場地申請事務。球會維持在星期二、星期六活動，其他恆常租用該地的機構還包括足球會、曲棍球會、警察、駐港陸軍、海軍和皇家工程師；星期日則開放予公眾使用。另外，駐港英軍只要有需要，亦可在星期一、二、四、五下午 1

---

12　"Government Notification no.488", *Hong Kong Government Gazette*, 1890-11-22.

時前優先佔用整個運動場作軍事用途。[13] 這種場地管理模式使球會更難使用場地，會員活動的時間亦因而被逼縮減。創會多年都無法建設一個可以容納十八個球洞的場地，會員於是下定決心在香港或者九龍另覓場地，興建一個全新的球場。

1894 年，Rumsey 和 Dumbleton 開始積極探討在港島南部深水灣興建高球場的可行性。當年港島南部位置偏僻，但風景優美，吸引不少歐籍居民於假日前往該區的 "Little Hong Kong"（今天的香港仔、黃竹坑）、深水灣、淺水灣和赤柱渡假遊玩。一本在 1893 年出版的旅遊指南形容深水灣是「本港最有吸引力的地方之一」，其海灘是「海浴的理想地點，擁有幼細且潔淨的海沙 …… 海面猶如藍寶石般純潔 …… 」。[14] 在深水灣海灘後方，有個地勢平坦的 V 型峽谷，適合各類戶外活動，Dumbleton 和 Fielding Clarke 等會員經常在假日攜同私人裝備到該處打球，並逐步建設一個有六個球洞的臨時球場。球會眼見深水灣得天獨厚，加上會內不少女士抱怨會方沒有分配足夠空間和時間予女會員打球，於是決定向港府提出申請，將深水灣發展成為球會第二個大本營。[15]

13  "Government Notification no.451", *Hong Kong Government Gazette*, 1892-11-12. 港府在該份憲報中列明黃泥涌遊樂場的範圍包括「快活谷馬場內圈內的全部土地，以及馬場外圈內一片位於跑馬地天主教墳場對面的土地」。

14  *A Handbook to Hongkong: Being A Popular Guide To The Various Places of Interest in The Colony, For The Use of Tourists* (Hong Kong: Kelly & Walsh, Limited, 1893), pp.109-110.

15  T.F.R. Waters, *History of the Royal Hongkong Golf Club*, pp.9-11; "Clubs 15", Quoted in *Old Hong Kong by Colonial*, p.211.

## 2.2.2 深水灣球場的興建與落成

1897 年 6 月，在港督羅便臣的協助下，球會向政府提出申請租用鄉郊建屋地段第八十八號（Rural Building Lot no.88）作球場用途，並特別指出高球在居港歐洲社群中日漸普及，有關建議若能落實，社會上大部分人都能受惠。工務司漆咸（William Chatham）在同年 7 月接納有關申請，租約內容如下：[16]

> (1) 租用年期為二十五年（自 1897 年 6 月 22 日計算）。
>
> (2) 土地由 Liston Dalrymple、Villiers Alwyn Caesar Hawkins 和 Gershom Stewart 以球會信託人名義租用。
>
> (3) 每年租金一百元。
>
> (4) 球會需於自租約生效起一年內投放一千元改善場地。
>
> (5) 政府及電訊公司保留進入該處用地修復電線與電纜的權利。
>
> (6) 球會若需移除用地內的寮屋，需賠償予受影響的人士。
>
> (7) 港督保留於戰爭期間無條件收回該用地的權利。

這一年適逢維多利亞女皇登基鑽禧紀念，當時兼任球會主席的港督威廉·羅便臣於是去信宮務大臣（Lord Chamberlain），希望女皇陛下能通過將球會更名為「皇家香港哥爾夫球會」（The Royal Hong Kong Golf Club），建議最終於同年 9 月 1 日獲接納。[17] 當時香港有「皇家」稱號的體育會只有皇家香港遊艇會（Royal Hong Kong Yacht Club），球會這次成功升格，不但證明

---

16　CO129-277 ,p.398; HKRS 58-1-12(58).

17　CO 129-276.

球會地位非凡，亦有助於球會日後的發展。[18]

　　1898 年，深水灣球場租約正式生效。[19] 在不到一年的時間內，佔地十六點五英畝的深水灣球場開幕；會方將原本的六個臨時球洞增加至十個。同年，球會在週年大會上，宣佈決定為深水灣球場興建會所；會方再次邀請 E.A.Ram 協助設計，最終得出建造一層會所的決定。[20]

　　1906 年，球會迎來了一位重要來賓 —— 干諾王子。王子從維多利亞城

18　Royal Hong Kong Yacht Club, http://www.rhkyc.org.hk/History.aspx (accessed September 25,2014).

19　HKRS 58-1-12(8).

20　T.F.R. Waters, *History of the Royal Hongkong Golf Club*, p.11.

出發，乘坐駐港海軍的船隻前往深水灣，並在下午 1 時半左右上岸。球會一眾資深會員，包括球會創辦人兼會長 Gershom Stewart、負責設計會所的 E.A. Ram，連同 E.J. Grist、Surgeon W.L. Martin、G.Veitch、G.H. Butterworth、Colonel Aitken 和 C.E.H. Beavis 等一行數十人在場恭迎，並與王子共晉午餐。訪問結束後，王子乘坐轎車取道黃泥涌峽返回維多利亞城。[21]

踏入 1910 年代，粉嶺球場投入服務，隨即成為球會的發展重心和大本營；相比之下，快活谷球場和深水灣球場的重要性明顯稍遜以前。不過，深水灣球場畢竟有位處港島的地理優勢，方便港島的會員使用。隨着域多利慶典道（Victoria Jubilee Road）通車，會員除了可取道黃泥涌峽，亦可以從堅尼地城經薄扶林墳場、碧瑤灣和香港仔前往深水灣球場。[22] 交通網絡的發展為深水灣球場帶來更大的營運空間。

1985 年成為終身會員的 Dudley Coppin 憶述，1915 年他首次踏足深水灣球場後，他和家人不時到深水灣享受家庭樂。他說：「我們在馬己仙峽居住，一家人吃過早餐後，會與鄰家的叔叔、姨姨，還有他們的小孩子一同前往深水灣 …… 到了深水灣後，小孩子會在沙灘上野餐遊玩，男士們打完球後一起享用飲品，女士們就玩橋牌 …… 一次大戰的時候，水警和海軍船隻會在海面巡邏，我們坐船前往深水灣時若遇到截查，必須講出暗號才可放行。記得有一次的暗號是 Q，但船上的小孩很頑皮，亂叫不同的英文字母，結果不但激怒警官，我們還被警告若再有同樣情況，會被關進監牢 …… 當船駛到近岸的位

---

21　Ibid, pp.12-13.

22　Arnold Wright ed., *Twentieth Century Impressions of Hongkong, Shanghai, and Other Treaty Ports of China: Their History, People, Commerce, Industries, and Resources* (London: Lloyds Greater Britain Publishing Company, 1908), p.250.

置，舢舨會接載我們到岸邊。」[23]

　　1918 年，Colonel Dowbiggin 重新設計深水灣球場，避免球道交叉重疊而引發意外。1925 年，為了應付日益增長的需求，會方為會所加建第二層，新增設施包括女更衣室、飯廳和陽台。深水灣球場在夏季特別受歡迎，鄰近的深水灣泳灘尚未對外開放，可說是球會的私家樂園。不少會員在快活谷打球後，專程南下深水灣泳灘玩樂，會所亦提供晚膳和住宿設施予會員享用。[24]

---

23　Spencer Robinson, *Festina Lente : A History of the Royal Hong Kong Golf Club*, pp.51-52.

24　*The China Mail*, "A Year's Review – Royal Hong Kong Golf Club," 1924-12-16.; Spencer Robinson, *Festina Lente : A History of the Royal Hong Kong Golf Club*, pp.51-53.

　　1941 年 10 月亞洲戰雲密佈，港府中止球會於深水灣的租約，該地隨即由駐港皇家陸軍勤務部隊（Royal Army Service Corps）進駐，建立補給站；沙灘和球場會所旁邊滿佈地雷。1941 年聖誕夜香港淪陷，「三年零八個月」的艱苦歲月隨之而來，深水灣球場的發展亦告停頓。[25]

## 2.2.3　戰後深水灣球場的發展

　　日佔期間，快活谷和深水灣兩個球場都遭受不同程度的破壞，如深水灣

---

25　Spencer Robinson, *Festina Lente : A History of the Royal Hong Kong Golf Club*, p.54.

球場就被日軍用作停車場。[26]1945 年香港重光後不久，會長 Dennis Blake 於 12 月 12 日致函港府的民政專員（Civil Affairs Officer），報告球會近況。在信中，Blake 希望當局能為快活谷球場和深水灣球場提供新租約，可惜結果未能盡如人意。局方雖願意更新深水灣球場的租約，卻指重光後的快活谷是廣受大眾，特別是小童歡迎的康樂用地，認為球會沒有特權使用該片土地。局方決定收回快活谷的球場和會所用地，並賠償五萬元特惠金予球會，快活谷球場亦完成了其歷史任務。[27]

1950 年代，深水灣球場已大致回復戰前面貌。會方開始在球場果嶺種植 Gezira Grass 和接駁供水系統，又修改了部分果嶺的設計，並在球道不同位置挖掘沙坑，為會員提供更佳的高球體驗。1956 年，九號球道附近的泛光燈投入運作，開放時間延長至晚間。1962 年颱風「溫黛」襲港，對深水灣球場造成嚴重破壞，會所大部分屋頂被強風吹走。幸好在球會高層的支持下，球場和會所得以在短時間內完成復修工作。[28]

1960 年代，隨着會員人數上升，不少會員希望重建球場，但球會資源不足，大部分資金已用作擴建粉嶺球場，只能撥出少量資金改善會所設施。同時，礙於地理環境所限，球場一直只能維持九個球洞的運作規模，難以舉辦正式的賽事。雖然深水灣球場的規模和設施都難以與粉嶺球場比擬，但位置鄰近港島市區，吸引不少會員平日前去打球，亦是戰後不少華人會員的活動基地。[29]

---

26　Ibid, pp.26-28.

27　HKRS156-1-21; T.F.R. Waters, *History of the Royal Hongkong Golf Club*, p.25.

28　Spencer Robinson, *Festina Lente : A History of the Royal Hong Kong Golf Club*, pp.54-55.

29　Ibid, p.55.

現已年近百旬的資深會員吳肇基先生，見證了深水灣球場幾十年來的發展。他憶述說：「1935 年，我從青島來港，那一年我十歲。由於父親早年在北方打過高球，或許受他的影響，我來港以後，就抱着『人打我打』的心態，開始接觸高球。我是唯一一個戰前曾在快活谷球場和深水灣球場都打過球的華人會員。二戰時期我去了重慶，和平以後就回到香港。大約是 1955 年，我在朋友的介紹下加入了球會，大約就在那個時候，不少從上海、北京來港的華人亦相繼申請入會。雖然他們早年都在北方打過高球，但他們對高球的認識不足，也不太熟悉高球禮儀，例如他們會在別人發球時談話，出現很多尷尬場面，所以余英傑、黃炳禮等華人會員成立了聯誼組織 The Duffers。Duffers 的意思就是初哥。The Duffers 旨在讓更多華人認識高球運動，我們每月在深水灣球場有兩次聚會，順道舉辦比賽，教導會員之餘，也是個訓練技術的機會。」[30] 現時 The Duffers 仍定期在深水灣會所舉辦比賽、講課和聚餐，促進會員交流，約有三百六十名會員。[31]

除了為一眾華人會員提供聚會場地，當年深水灣球場亦是不少青少年會員切磋球技的地方，會員黃達琛先生憶述六七十年代球會的情況時說：「我受到先父黃炳禮先生的薰陶，自小接觸高爾夫球。父親會帶我到粉嶺打球，當時球會不太歡迎小朋友，所以我在粉嶺幾乎沒有機會打球，教練就叫我拿着球桿打車胎。每年夏天，球會的女會員部（Ladies Section）會在深水灣舉辦青少年比賽（Junior Competition），參加比賽的小朋友七成是西人，華人就只有我和朋友四五個人。」

---

30  口述歷史訪談，吳肇基先生，2016 年 4 月 19 日。

31  The Duffers , "Duffers History", http://www.hkduffers.com/aboutus.php (accessed July 5, 2016).

深水灣球場位置鄰近港島市區，吸引不少會員平日前去打球，亦成為華人會員的活動基地。

球會在 1980 年代分階段翻新深水灣球場會所

踏入 1980 年代，深水灣球場繼續服務一眾會員，也是香港其中一個舉辦業餘高爾夫球賽的場地。會方在善用現有空間的原則下，分階段翻新深水灣會所，並加建了游泳池和壁球場等設施。香港仔隧道於 1982 年通車後，會員前往深水灣就更為方便。[32]2008 年，球會訂立的長遠發展計劃指出，深水灣球場在可見的將來應維持現狀，為一眾會員提供打球、餐飲及社交設施，並為香港的業餘球手和年輕球手提供一個設施完善的訓練場地。[33] 現時深水灣球場每年都會舉辦深水灣錦標賽（Deep Water Bay Championship），賽制為不讓桿三十六洞比桿賽，讓會員一較高下。賽事早在 1922 年開始舉辦，早年比賽地點在快活谷，二次大戰後移師到深水灣球場。[34]

32  The Royal Hong Kong Golf Club, " Annual Report & Accounts 1981",6; The Royal Hong Kong Golf Club, " Annual Report & Accounts 1983", p.6.

33  《香港高爾夫球會長遠策劃理事會報告書》，2008 年 4 月，頁 39、40。

34  The Hong Kong Golf Club, "Golf Competition," http://www.hkgolfclub.org/golf_competition.php?s=3&ss=303 (accessed July 5, 2016).

---------------- **2.3** ----------------

# 粉嶺高爾夫球場

## 2.3.1  粉嶺球場的創建

　　1898 年，英國與清政府簽訂《展拓香港界址專條》，租借新界九十九年，使英佔香港的版圖由香港島和九龍半島擴展至界限街以北、深圳河以南的一大片土地。與商行林立、人來人往的維多利亞城相比，新界的社會民情依然保留着中國傳統的農村風貌。雖然歐裔社會的活動中心集中在維多利亞城一帶，但新界北部的優美景色，吸引了不少歐裔人士在假日專程前往。時任新界理民官（北約）的 E.R. Hallifax 可說是最為熱衷的人。家住大埔警署旁的他，閒時經常攜同獵槍和獵犬，在粉嶺一帶行山打獵，漸漸為粉嶺居民熟悉。九廣鐵路尚未通車前，往來九龍與新界路途崎嶇，極為不便。從九龍出發，需先抵達沙田坳道，乘坐人力車穿越山嶺，並在九龍水塘徒步下山，前往沙田的警崗，由警察接送至大埔，然後騎馬、乘坐人力車或山兜前往粉嶺；如從香港島出發，則可駕駛遊艇前往大埔，再步行前往粉嶺。[35]

---

35  Spencer Robinson, *Festina Lente: A History of the Royal Hong Kong Golf Club*, p.11.

1908 年，在 E.R. Hallifax 倡議下，球會委派了 T. S. Forrest、K. M. Cumming、L. S. Greenhill 和 M.A. Murray 到新界粉嶺一帶視察，物色興建球會繼快活谷和深水灣後第三個球場的位置。考察團起初屬意鄰近雙魚河的 Sun Wei Valley，建議雖得到委員會支持，卻遭到駐港英軍反對。球會隨即改變主意，收購粉嶺一帶的農地，與政府商討在這裏興建一個擁有十八個球洞的球場。球會成立了一個特別委員會跟進興建新球場事宜，成員包括 H.W. Robertson、E.J. Grist、A.W.W. Waikinshaw、E.R. Halifax、G.N. Orme、C.A. James、N.S. Marshall 和秘書 Lt. Col. G.D. Close。[36]

1911 年 5 月 15 日，球會召開會員大會，會上通過了於粉嶺興建球場的建議，並由特別委員會負責跟進興建新球場的財政安排及其他事項。[37] 同月，球會向政府提出申請，希望租用粉嶺一帶共一百一十四英畝的土地發展球場。球會認為快活谷球場已十分擠逼，粉嶺一帶則幅員廣闊，遠離煩囂，九廣鐵路亦已通車，是興建一個十八洞球場的理想場地。球會初步計劃斥資四萬元興建球場和會所，佔地約十八點六英畝，落成後可作為球會的大本營。[38] 政府初步擬訂租約後，與特別委員會和兼任球會會員的 E.R.Hallifax 商討。會方同時研究球場設置供水系統的可行性，預計球場落成後每天用水約三千加侖，會所則需用水六百加侖，取水點可選定在丙崗村東南面的河谷。[39] 雖然租約尚未正式確認，但球會已急不及待要展開工程，並趕及於同年的聖誕日正式開放球場，取

---

36  T.F.R. Waters, *History of the Royal Hongkong Golf Club*, pp.13-14: *Great Mansions: the legend of Beas River*, p.15.

37  *The Hong Kong Telegraph*, "Fanling's Future",1911-05-17.

38  Denis Way, *The Madarins of Golf*, p.132,133.

39  HKRS 58-1-57(25).

名為 The Old Course。[40]

　　1912 年 2 月，港督梅含理就批出粉嶺八十八點八五英畝的土地予球會一事致函殖民地部大臣 Lewis Harcourt，當時粉嶺球場的租約條款如下：[41]

(1) 租約條款建基於英皇陛下的意願及高球會會員的良好行為。

(2) 除非有出於公眾利益的強烈要求，否則球會的租約不應被終止。由租約生效起的十年內，若租約被終止，球會將可獲得不多於五千三百八十五元的賠償，以彌補球會投放於永久改善租用土地所付出的支出。

(3) 穿越租用土地的小徑應予以保留及維持開放，同時皇室保留於租用土地上興建小徑及鋪設電報線的權利。

(4) 該片土地只能供球會使用。

(5) 不須繳付溢價（premium），但租約生效後兩年開始需每年繳付租金九十元。

　　此外，港督於函件中訂明粉嶺球場的地租為每英畝一元，雖然這片土地被視為荒地（waste land），但將來可用作建築用途。當局希望球場開幕後，可以吸引更多歐裔人士在附近一帶興建洋房，促進該區發展。同時，球會申請租用一幅二十六點六英畝土地，用作興建有九個球洞球場，專供女性使用。

　　同年，球會再獲政府批出粉嶺以西共五十五點六二英畝土地，供粉嶺高場擴展。工務司在年度報告中指出，該地將致力發展成為「東方世界其中一個

---

40　*The Hong Kong Daily Press*, "How Golf Come to Hong Kong ", 1933-08-10.

41　CO129-394

最優秀的高爾夫球場」。[42] 及後，粉嶺球場的設計大致擬定，球會再次邀得 E. A. Ram 負責設計粉嶺會所 Dormie House。會所興建期間，球會於九號球洞附近興建了一間小屋，作為球會辦事處接待會員。會員從上水火車站乘坐人力車或騎馬抵達一號球洞發球台後就可以開始打球，他們可以在九號球洞的球會辦事處稍作休息和享用午餐，然後再完成另外九個球洞，最後於十八號球洞乘坐人力車或騎馬返回上水火車站。

1913 年，球會在十八號球洞附近興建了另一間小屋，供女性球手休息，並成為男性會員完成所有球洞後的集合點。[43] 同年，政府就球會計劃於粉嶺加建第二個球場一事致函殖民地部，指出該項發展計劃預計支出高達七萬元，資金來源來自會員繳交的年費和球會設施的服務收入。政府認為球會未有如此龐大的財力支持該項計劃，遂建議由港府先行收購粉嶺球場會所西面及北面合共一百八十七點一四英畝，總值約一萬一千元的土地，再將土地租予球會使用。[44]

翌年，球會向政府提出整合兩個球場的租約，原因是部分土地屬於官地，另外一部分土地則由農民租用（租約期為七十五年）。政府作出回應，條件大致如下：

(1)　政府向球會繳付八千四百七十九元三角一分，當中不包括對農地作物的賠償。

(2)　球會依據上述款項繳交百分之四點五利息。

---

42　*Report on the New Territories for the Year 1911*, p.14.

43　T.F.R. Waters, *History of the Royal Hongkong Golf Club*, p.15.

44　CO129-401.

粉嶺球場舊場 7 號球洞舊貌

粉嶺球場舊場 7 號球洞現貌

(3) 租約改為以年計，並為仍然以長約方式租出的地段繼續繳付租金。

(4) 球會在改善球場方面的花費可以報銷。

球會接納政府提出的條件，並答應盡力改善粉嶺球場，政府則向球會繳付九千二百八十二元八角二分。新租約訂明球會以每畝一元的年租金租用粉嶺一帶的土地發展球場。至 1916 年，永久會所 Dormie House 已投入使用一年多，球會亦在港督梅含理的協助下，取得足夠土地發展供女性會員專用的九洞高球場，稱為 The Relief Course。1919 年，球會再獲得土地，將 The Relief Course 擴建為一個標準的十八洞球場。[45]

粉嶺球場運作的首十年，球會上下同心協力，為日後發展成世界級的球場打下了基礎。在 1914 年的週年大會上，會方認為場地狀況相比三年前開幕時已大為改善，並指出預備工作已全部完成，並認為粉嶺球場發展成一流球場只是時間問題。[46]1915 年，球場得到滙豐銀行總經理 Newton Stabb 和 E.J. Grist 的捐款，在舊球場十號球洞旁邊開闢一條小徑，讓球手可繞過球洞旁的小丘，前往下一個球洞。港督梅含理和 T. S. Forrest 亦捐出款項，在十號球洞發球台附近興建一個中途站，供會員休息。[47]

事實上，粉嶺球場的環境在開幕初期並不理想。山邊雖有漂亮的百合和美人蕉，但場內只有三數棵樹木，分佈於三號球洞果嶺和會所附近。球場鄰近上水一帶的鄉村，球道下有不少墳墓，球場的草地質素亦有待改善。此外，球

---

45　*Old Hong Kong by Colonial.*

46　*The China Mail,* "Hongkong Golf Club – The Annual Meeting", 1914-05-20.

47　T.F.R. Waters, *History of the Royal Hongkong Golf Club,* pp.15-16.

粉嶺球場舊場內設有小食亭，於 1918 年啟用，建造和設計中西合璧，反映出晚清的時代風格。

粉嶺球場舊場內的小食亭至今仍保存原貌，並被列為三級歷史建築。

道上滿佈小草，風大的日子容易沾滿塵土，雨大的時候更是泥濘滿佈。果嶺一地選用俗稱為「椰菜草」的本地草種，令球手難以在果嶺推球入洞。球場的沙坑數目亦明顯不足，僅有的沙坑效用不大，影響了會員享受打球的樂趣。有見及此，球會開始了一系列的植林工作，並得到港督梅含理慷慨捐出五萬元，為球道下的墓地另覓福地和向受影響的村民作出賠償。然而，十號球洞附近小丘的墳墓數量太多，不宜打擾。該地位處球道中心，球手發球時必需步步為營，因此被稱為 "Tommy Tucker"（命名取自廣東話諧音「唔打得㗎」）以示尊重。若球員不慎將球打到該處，球手在撿球後須在總桿數加上一桿以作懲罰。[48]

踏入 1920 年代，球會開始着手改善 The Old Course 的設計，為一眾的會員和球手帶來更佳的體驗。會方邀請了 L. S. Greenhill 和獲聘任為球會經理的退休警長 Kerr 為球場制訂新設計，他們所作的更改大致如下：

(1) 一號球洞果嶺由原來的小丘前面遷往球道左邊，並在新位置後方種植快生樹種，及在兩旁建立沙坑。

(2) 將六號球洞由原來的約兩百五十碼延長至五百碼，並將七號球洞稍為遷移。

(3) 七號球洞遷至沼澤位置。

(4) 八號球洞果嶺遷往新七號球洞果嶺的左方，但新球洞視線受阻，球手需球童協助指導。

(5) 十四號球洞果嶺稍事遷移。

(6) 新增沙坑：位置包括三號果嶺及十號果嶺兩旁、十一號果嶺後

48　Ibid, p.16; Spencer Robinson, *Festina Lente : A History of the Royal Hong Kong Golf Club*, p.15.

方、十二號果嶺右方、十七號球道及果嶺附近、十八號果嶺前方。

(7) The Old Course 每年 6 月、7 月需關閉作保養。

(8) 引入黑羊協助保養球道。

(9) 1923 年首次引入割草機。

(10) 1922 年設立球僮主管室。


1923 年，球會會員數目已增加至八百人。球會為配合需求，計劃購入更多土地，並將原來只有九個球洞的 The Relief Course 擴建至十八個球洞，可惜有關決定未能獲得委員會的支持。1928 年，球會取得一片新的土地，計劃擴建新場的後九個球洞，但又因故被擱置。[49] 到了 1931 年 11 月 2 日，粉嶺第二個十八洞標準球場正式開幕，由港督貝璐負責揭幕。新球場由 L. S. Greenhill 設計，耗資三萬五千元，命名為「新場」（The New Course）。[50] 新場比舊場佔地更為廣闊，佈局甚似一片草甸，極富美國特色。故此，不少會員認為在舊場打球，遠較在新場打球更有重返家鄉英格蘭的感覺。[51] 1939 年，球會成功購入土地，在新場的二號和三號球洞之間加建九個球洞，並併入新場當中。新場原有的九個球洞，則被劃入 The Relief Course，同時將舊場九號球洞改為十八號球洞。[52]

1929 年 4 月，粉嶺球場迎來一位重要來賓 —— 告羅士打公爵亨利王

---

49 T.F.R. Waters, *History of the Royal Hong Kong Golf Club*, p.21.

50 Spencer Robinson, *Festina Lente: A History of the Royal Hong Kong Golf Club*, p.19; *The Hong Kong Daily Press*, "How Golf Come to Hong Kong",1933-08-10.

51 Bob Ferrier, *The World Atlas of Golf Courses* (London : Hamlyn, 1990), p.178.

52 HKRS 58-1-57(28); *The Hong Kong Telegraph*," Problem of Caddies at Fanling Golf Club", 1939-12-15.

鑑於舊場不敷應用，球會決定興建另一個十八個洞的球場，並取名「新場」。新場於 1931
年正式啟用。

新場現貌（照片由 Dave Sansom 拍攝）

子（Prince Henry, Duke of Gloucester，1929 年通車的灣仔告士打道便是以他名字命名）。公爵訪問香港的第二天早上，從中環皇后碼頭乘船前往九龍，再驅車經大埔抵達粉嶺，港督金文泰沿途一直陪伴左右，隨行人員達數十人。公爵抵埗後，球會會

粉嶺球場會所（攝於 1930 年代）

長 L. S. Greenhill 和委員會一眾成員在場迎接。及後，公爵及 Major General Sandilands、W.E.L. Shenton 及 A.H. Ferguson 組隊於舊場打球。公爵雖然離開英國數月，球技略有生疏，但表現依然理想。公爵更對粉嶺球場及附近的景色讚不絕口，認為粉嶺球場是世界上其中一個最好的高爾夫球場。球賽過後，公爵一行人與球會要員於會所享用下午茶，並驅車經青山返回九龍，然後乘船前往中環，到港督府繼續行程。[53]

1935 年，會方在舊場一號球道右方增設一個沙坑，將九號果嶺右方的沙坑挖深、在十三號及十七號球道旁種植林木、十五號球洞後方加設果嶺，並在一號發球台附近興建一間高球用品專門店。翌年，為紀念會方完成遷移舊場內的墓頭，S. H. Dodwell 特意捐出一張座椅供球會會長使用，名為「會長之椅」（Captain's Chair），安放於酒吧內。若會員或訪客不慎坐上該椅，而會長又在場的話，就需要請在場人士享用飲料一巡以作懲罰。「會長之椅」於

---

53 *The Hong Kong Telegraph*, "At Fanling – Duke of Gloucester Plays Golf," 1929-04-27/.

Stanley Dodwell 於 1936 捐出全手製「會長之椅」，至今仍保存於粉嶺球會內。

二次大戰時曾被偷走改裝成轎子，幸好戰後於球會內被尋回，現擺放在粉嶺會所內。[54]

## 2.3.2　戰後初期粉嶺球場的重建

日佔時期，粉嶺球場曾被日軍佔用，由於缺乏治理，場內大量樹木被砍伐作燃料用，不少球道亦被開墾為菜田，或變成供軍事訓練用的戰壕。[55] 香港重光後，會方以重建粉嶺球場為首要目標。1945 年底，會方聘請工作人員為滿佈雜草的舊場除草，希望趕及在聖誕日重開其中十一個球洞。[56] 同時，舊場十八個球洞完成修復後，亦重新投入服務。在球會上下同心協力的情況下，新場及 The Relief Course 亦先後在 1949 年和 1953 年完成修復。[57]

踏入 1950 年代，球會在新任經理 W.J. Kerr 領導下，逐步將工作重點轉移至提升球場草坪質素上，並開展了一系列實驗性計劃。1952 年，會方開始為不同草坪除草，惟受天氣所限，效果欠佳。此外，會方為球場草坪制定了「追肥計劃」，又為舊場六號球洞改建果嶺，於新場十四號球洞加建沙坑，並採用

---

54　Spencer Robinson, *Festina Lente: A History of the Royal Hong Kong Golf Club*, pp.22-23.

55　Ibid, pp.26-28.

56　HKRS156-1-21; T.F.R. Waters, *History of the Royal Hongkong Golf Club*, p.25.

57　T.F.R. Waters, *History of the Royal Hongkong Golf Club*, p.26; Spencer Robinson, *Festina Lente : A History of the Royal Hong Kong Golf Club*, pp.26-27.

烏干達草（Uganda Grass）重鋪舊場十八號球洞果嶺草坪。新草種質素較高，全年常綠，即使在旱季，仍可提供優質的果嶺草坪，有利球手推桿入洞。當年球會為引入這新草種，可謂歷盡千辛萬苦。二次大戰期間，工作人員將已播種的一片泥土放置在一鞋盒內，從烏干達運抵埃及開羅，及後於 1951 年再將草皮空運至香港。保養烏干達草，殊不容易，需要工作人員悉心護理，包括頻密修剪、播種初期大量施肥，還要有良好的灑水系統。在取得初步成功後，烏干達草與新草種 Gezira Grass 於 1950 年代逐步應用於粉嶺球場和深水灣球場所有果嶺上。為配合果嶺的改造工程，球會先後添置了一輛越野路華（Land Rover）四驅車、六部自動割草機、一部水箱拖車、兩輛水泵車和一部草坪取樣儀，又設置供草坪「追肥計劃」使用的小屋。[58]

　　除了草坪護理，球場設計亦曾作出不少改動，工程包括：[59]

(1)　為舊場三、四、六號球洞興建新發球台。

(2)　為新場三、七、十一、十五號球洞興建新發球台。

(3)　擴建全部發球台以減少草坪磨損。

(4)　興建或修改舊場四、十四、十五號球道，及新場 三、十、十一、十四、十五、十七號球道的沙坑。

(5)　為流經新場一、十一、十六號球道的水溝興建混凝土渠道，減少淤塞。

(6)　於新場十二號發球台附近興建一座全新的中途站。

(7)　翻新舊場的中途站。

58　T.F.R. Waters, *History of the Royal Hongkong Golf Club*, pp.27-29.

59　Ibid, p.28.

(8) 於舊場四號和十七號球道之間、新場六號和九號球道之間，及
十七號球道旁植樹。

(9) 於新場一號球洞旁增設練習發球台，及後加建上蓋及增設一用
作練習切擊球的果嶺。

(10) 於舊場一號球洞旁加設練習發球台，供會員練習切擊球及沙坑
發球。

### 2.3.3 1960 年代至 1980 年代粉嶺球場的擴建

1960 年，球會於粉嶺球場開鑿一個十八英呎深的水井，並安裝水泵及改建供水系統，連接粉嶺球場內所有果嶺。雖然水井的供水量不足以滿足所有果嶺的需要，但至少為粉嶺球場建立了一個私家供水系統。同年，會長 George Carter 宣佈成立一個由會內五名至六名要員組成的永久委員會，負責制訂和檢視球會的長遠發展策略，特別是財務方面的長遠規劃，並在年度會議及特別會議上將最好的方案交予一眾會員審議。[60]

1961 年，新場十五號新果嶺投入服務，並將十六號發球台後移五十碼。同年，會方向會員發出通告，就會所重建計劃提出四個方案，徵集意見，但未能達成共識，計劃再次擱置。[61] 1963 年香港實施制水，水務署自 1 月起停止向粉嶺球場供水。球會在新場十六號果嶺後方和伊甸場四號球道旁開鑿水井，每日分別可供水一萬七千加侖及七千加侖，避免球場因缺水而要關閉。同年，球會再開採一口每小時供水一千二百加侖的水井，並為新場安裝一套永久的全自動灑水系統。[62]

踏入 1960 年代後期，粉嶺球場的發展陷入瓶頸。當時球會接受的新會員申請不斷增加，球會領導層認為有需要興建第三個十八個洞的球場，以滿足日益增長的需求。此外，會員提出了各類建議：有部分會員認為會方應增加設施接待會員家眷，有部分人認為會方應將資金集中用作改善球場設施，而非用於餐飲或其他設施，也有不少會員認為會方應制定一個更完善的會員政策，減少

---

60　Spencer Robinson, *Festina Lente : A History of the Royal Hong Kong Golf Club*, pp.35-36.

61　Ibid, p.36.

62　Ibid, pp.36-38.

優待外籍人士，球僮質素和會員「慢打」的問題亦需要予以重視。[63]

　　會方經過一番評估，決定以興建第三個球場為首要任務，經考慮後選址上水賽馬會雙魚河會所內毗鄰球會的土地。1967 年，雙方開始商討賣地事宜，賽馬會董事局認為會所西面牧場至坑頭村路一片約三十英畝的土地較為合適，並按程序徵求會員同意，將該片土地轉讓予球會。同時，球會需要在該片土地外圍撥出約四英哩至五英哩長的地段，開放予馬會會員作習騎之用。1968 年 4 月 10 日，決議獲得賽馬會會員通過。[64]

　　1969 年 1 月，會方採納澳洲建築師 Michael Wolveridge 的設計，斥資一百三十萬元擴建伊甸場，當中七個球洞來自原有的伊甸場，四個位於新場範圍尚未開發的植林區，餘下七個將於新購入的雙魚河土地上興建，另外新場二號及五號球洞需要遷移。伊甸場完成擴建後，將可與新場組合為一個綜合場，作大型比賽專用場地。與歷史悠久的舊場和新場相比，新伊甸場設計較為精緻，當中十六個球洞均附有溪流、渠道或池塘，景觀優美，惟用水量相對較大，故此附設一個水庫，連接伊甸場的灑水系統，其蓄水量達一百二十五萬加侖，相等於粉嶺球場內其他儲水池的總容量。同年 3 月，擴建工程動工。[65] 翌年 2 月，會方於球會雜誌（1968 年 8 月創刊，向會員免費派發）舉辦新球場命名比賽，反應熱烈，建議包括 The Lake、The Trench、The Eden Valley 等，但通通未能脫穎而出，會方最後決定沿用 The Eden（伊甸場）。4 月，球場接近竣工，所有果嶺均已播種，並率先開放其中十一個球洞。1971 年 10 月 10

---

63　Ibid, pp.39-40.

64　Ibid, p.40;《華僑日報》,〈高爾夫球會允借上場地 馬會上水會所 訓練會員習騎〉, 1968 年 11 月 19 日。

65　Spencer Robinson, *Festina Lente : A History of the Royal Hong Kong Golf Club*, p.46; Bob Ferrier, *The World Atlas of Golf Courses* (London : Hamlyn, 1990.), p.179.

日，港督戴麟趾主持新伊甸場開幕儀式，嘉賓包括曾五奪英國公開賽冠軍的澳洲球手彼得湯臣（Peter Thomson）。[66]

隨着新會所大樓及伊甸場相繼投入服務，球會於 1970 年代初未有對球場設施作任何大幅度改動。到了 1970 年代中期，會方邀請了伊甸場的設計師 Michael Wolveridge 協助更改舊場設計，以配合粉錦公路日益繁忙的交通。粉錦公路的歷史可追溯至 1940 年代末，當時駐港英軍為加強邊境防務和方便調動軍隊，決定以錦田（石崗）為起點，修築兩條公路，分別前往大埔林村和粉嶺，並命名為 Route I 及 Route II。[67] Route II 的建築計劃於 1949 年底擬就，及後於 1951 年初落成，並正式命名為粉錦公路，而近上水一段貫穿舊場範圍。[68] 當年的政府文件未有提及為何公路要穿越球場，但相信大抵是軍方認為定線直接方便，加上當年沿路人口不多，車流稀疏，不會對球場日常運作造成嚴重影響。粉錦公路沿路以鄉村為主，車流量不大，當局亦於球場一帶的路段兩端豎立告示，包括「嚴禁泊車」、「車速限制為每小時二十英里」及「注意高球」，以保障各道路使用者的安全。同時，球會決定在該路段豎立永久圍欄，以保護球場安全，並在適當位置興建閘門，方便會員橫過公路進出球場。[69]

在 1950 年代至 1970 年代中期，舊場設計一直維持原狀，因此會員在其中數個球洞打球時，中途需將球打到公路的另一方，然後橫過馬路繼續行程。若

---

66 Spencer Robinson, *Festina Lente : A History of the Royal Hong Kong Golf Club*, p.41, 44, 46; The Royal Hong Kong Golf Club, " Annual Report & Accounts for the year 1968", p.11; The Royal Hong Kong Golf Club, " Annual Report & Accounts for 1970", p.5.

67 *Annual Report By The District Commissioner, New Territories, for the Year Ended the31st March 1949*, p.2.

68 《香港工商日報》，〈貫通新界南北 再增築一公路〉，1949 年 10 月 2 日；〈粉錦公路正式完成 尚未正式開放〉，1951 年 1 月 4 日。

69 HKRS156-1-2844.

球會舉辦香港公開賽等較大型比賽，當局會在比賽期間臨時封閉公路。[70] 資深會員 Sandy Hamilto 憶述說：「當年我們在舊場打球，需要橫跨道路五次，包括第一、第四、第五、第十四和第十五號球洞，但因馬路旁有斜坡，一般不會對路過的車輛造成危險。」[71] 不過，球手偶爾亦會「失手」，造成驚險鏡頭，郭素姿女士說：「粉嶺球場的佈局在世界上很罕見，若一不小心把球打到路上，路過的巴士或開篷貨車就會將球載走。聽說有人曾不小心把球打偏，擊中路上的貨車，坐在車內的小孩因聽到『呼嘭』的聲音，嚎哭起來。」[72] 舊場的改建工程於 1977 年完成，自此會員打球便不需再對路過車輛有所顧忌。現時球手在該處打球，首先要從會所橫過馬路至一號球洞，並於公路西邊完成首八個球洞後，接着橫過馬路，完成九號至十八號球洞即可返回會所。[73]

1980 年，會方完成新場一號發球台的改善工程，重新鋪設了草坪表土（由沙、泥混合而成），並採用草種 Tifton 419。新草坪使發球區標記更易於保養，亦易於放置發球座。會方計劃於 1984 年以前在粉嶺球場餘下五十三個發球台完成同樣的改善工程。同時，會方計劃將新發球台表土採用的沙粒應用於粉嶺球場的所有沙坑，新種沙粒與以往相比，結構較鬆散、排水較佳，方便工作人員翻耙打理，亦便於玩家擊球，全部工程於 1982 年完成。另外，會方決定將舊場其中八個果嶺正在使用的百慕達草（Transvaalensis）應用於粉嶺球場其他果嶺。百慕達草生長速度較慢，亦是當時最佳的草種之一，配上含砂量較

70　口述歷史訪談，鄭基鴻先生（第一次訪談），2014 年 11 月 26 日。《香港工商日報》，〈八鄉至粉嶺公路 星期日暫禁行車〉，1959 年 1 月 29 日；〈粉錦公路 封閉兩天〉，1963 年 3 月 6 日。

71　口述歷史訪談，Mr. Sandy Hamilton，2016 年 5 月 5 日。

72　口述歷史訪談，郭素姿女士，2016 年 4 月 19 日。

73　Spencer Robinson, *Festina Lente : A History of the Royal Hong Kong Golf Club*, p.43,47.

高的表土，可加強草坪排水，提升草坪的質素。[74]

1983 年，會方邀請專家 C.H. Kuhn 檢視粉嶺球場的灌溉系統，結論認為球場在未取得穩定的水源供應前，不應對系統作大幅度修改。伊甸場的供水系統尚算足夠但保養工作有待改善，而舊場和新場的系統僅僅足夠供發球區及果嶺使用，不足以供水予球道。及後，會方邀請顧問公司，尋找可行辦法增加水源供應。報告指出開採地下水並不可行，但可向政府申請於石湖墟污水處理廠取水，並興建喉管接駁粉嶺球場，預計工程造價約四百萬元。[75]

鄭樹安先生指出，這套供水系統基本解決了困擾粉嶺球場近二十年的供水和灌溉問題。他說：「1960 年代，由於制水的緣故，香港政府不允許我們用食水灌溉，後來即使有了東江水，仍未解禁。由於沒有穩定的水源供應，草皮在冬天會枯死，一年一度的香港公開賽只能在夏季舉行。到了 1980 年代初，時任會長張建東邀請我策劃球場的灌溉系統，在馬會專家的協助下，我們用喉管連接石湖墟污水處理廠，再由球場的系統加以處理。當時美國的專家為我們設計了這個 always close，always open 的污水處理系統，讓我們可以一年四季灌溉草地。」[76]

1986 年間，連接粉嶺球場泵房與上水市區的管道已經完成並通過測試，餘下部分就於 1987 年落成。輸往粉嶺球場的灌溉用水，事先會在石湖墟污水處理廠經過二級處理，再於球場經包含氯化消毒在內的三級處理，但為免對球場草坪造成破壞，氯化消毒的程度會較正常稍低。會方當時成立了指導委員會，負責監察灌溉系統的設計和安裝工程，確保系統能有效地運作。在香港高

---

74 The Royal Hong Kong Golf Club, " Annual Report & Accounts for 1980" , p.5; The Royal Hong Kong Golf Club, " Annual Report & Accounts 1982" , p.6.

75 The Royal Hong Kong Golf Club, " Annual Report & Accounts 1983" , p.6.

76 口述歷史訪談，鄭兆權先生、鄭樹安先生，2016 年 4 月 18 日。

爾夫球總會的協助下，美國高爾夫球協會草坪護理專家 Wm. H. Bengeyfield 前往粉嶺球場視察草坪的情況，他在報告中指出：「香港皇家高爾夫球會全部球場均有逼切需要建立一個可靠並能全年運作的灌溉系統 …… 就算伊甸場擁有最佳的灌溉系統，一個大規模的復修和現代化工程亦是必須的。」同時，會方致力提升球場球道的草坪質素，於伊甸場六號球道開展試驗計劃，鋪設 Tifway 419，取代原有的地毯草（carpetgrass），並派遣球場經理鄒桂昌前往美國參加國際草坪大會（The International Turfgrass Conference），與來自世界各地的專家交換草坪保養的技術和心得。[77] 新灌溉系統是 1980 年代後期球會改善球場計劃的第一階段工程，第二階段工程則旨在提升球場球道草坪的質素，會方期望兩階段的工程可同時進行。[78]

1989 年，球會成立一百週年，會員數目直逼三千大關。雖然球會多年來致力於提升球場的設施和服務，但高球運動日漸普及，申請入會人數不斷增加，球場的設施不敷應用。會方為此推行了一系列措施，希望為會員提供更舒適的環境，享受打球的樂趣。會方花費近五年時間作全面調查，瞭解會員使用球場的習慣，初步措施包括限制訪客、互惠球會會員及鄰近居民於週末和公眾假期的使用權。針對會員「慢打」的問題，會方自 1985 年起開始聘請 Starter 監管會員的打球速度。另一方面，因應球僮人手不足的情況，球會檢視了現行的球僮薪酬制度，希望吸引更多人應徵，同時容許較年長的會員使用電動高爾夫球手推車。[79] 近年球會進一步開放球場予公眾使用，容許非會員的香港居民通過網上預約使用球場，措施十分受歡迎。

---

77　The Royal Hong Kong Golf Club, " Annual Report & Accounts 1986", p.5-6.

78　The Royal Hong Kong Golf Club, " Annual Report & Accounts 1987", p.4.

79　The Royal Hong Kong Golf Club, " Annual Report & Accounts 1983", p.4 ; The Royal Hong Kong Golf Club, " Annual Report & Accounts 1989", p.13.

### 2.3.4 邁向 21 世紀的粉嶺球場

踏入 1990 年代，球會訂立了長期政策，計劃每年於粉嶺球場重鋪數個球洞的草坪和分階段提升場內設施，期望做到盡善盡美。針對場地擠逼的問題，球會於 1990 年開通電話預約專線和果嶺費電腦系統、在平日劃分部分場地為會員專用，又限制訪客每年使用球場的次數，政策令訪客數目有顯著下降。同年 9 月，球會與香港賽馬會達成協議，取得 Fir Hill 一片土地為伊甸場建造四個球洞，而球會則會將伊甸場鄰近雙魚河的一片土地（原九號至十二號球洞）交還賽馬會。[80] 翌年 10 月，由伊甸場的設計師 Thomson Wolveridge 負責設計的新球洞落成，成為伊甸場三號至六號球洞，分別命名為 Fir Hill、The Rock、Shenzhen 和 Beas River。[81]

1990 年代中期，會方將球場保養措施分為草坪及其他兩大方面，並邀請專家評估球場草坪狀況。為了確保球場可全年正常運作，專家建議重建球場內使用年期較久的草坪，及興建全新的排水系統和重鋪沙粒，他們認為 Tifdwarf 依舊是最適合的草種。當時球會會長 R. Carstairs 曾笑言：「保養高球場好比為紐約布魯克林大橋（Brooklyn Bridge）豎油漆一樣，當手上的工作完成後不久，又是時候重新開始。」[82] 此外，會方亦實行一些特別措施，方便年長的會員打球，例如計劃改建粉嶺球場舊場，以方便高球車行駛。[83]

1999 年，港府與球會達成協議，將粉嶺球場的土地租約自 1999 年 9 月 1

---

80　The Royal Hong Kong Golf Club, " Annual Report & Accounts 1990", p.3, 11.

81　The Royal Hong Kong Golf Club, " Annual Report & Accounts 1991", p.3.

82　The Royal Hong Kong Golf Club, " Annual Report & Accounts 1995", p.8, 9.

83　The Royal Hong Kong Golf Club, " Annual Report & Accounts 1996",5.; The Royal Hong Kong Golf Club, " Annual Report & Accounts 1997", p.4.

日起延長二十一年至 2020 年。運作方面，長期發展委員會的報告指出，會員普遍認為粉嶺球場應該維持原狀，不應作大幅改變。故此，結論是會方只需做好保養工作，致力維持各個場地一貫的高水平。同年，會方委託的專家完成研究，結論是伊甸場較為適合改建成高球車行駛的球場，原有的 Tifdwarf 草種亦需改良為 Tifeagle，以提升球場草坪的質素。[84]

2000 年，伊甸場的改建工程動工，於翌年 10 月完成，並計劃分階段擴充高球車車隊規模至六十架，初期投入服務的車隊只有二十架。2002 年，會方計劃

粉嶺球場經逾一百三十年的發展，已成為國際高球界公認區內最優秀的球場之一（照片由 Richard Castka 拍攝）。

84　The Hong Kong Golf Club, "Annual Report & Accounts 1999", p.3,7,14.

將舊場同樣改建成適合高球車行走的球場，工程於 2006 年完成。自 2009 年起，同樣的計劃於新場實施。會方考慮到會員的平均年齡逐步上升至六十歲左右，故作出這一系列改動，希望為年紀較大的資深會員提供更舒適的高球體驗。[85]

除了改建球場外，會方亦致力維持粉嶺球場草坪的質素。自 2000 年開始，會方分階段每年重鋪新場及伊甸場果嶺的草坪，又邀請專家研究球場灌溉用水、土壤質地和風向等各方面因素，並對場內各球洞實施評分制度，檢視各球場是否需要復修或改建。例如會方在 2003 年使用新草種 Fanling 33 重鋪了球場內十個果嶺，2006 年完成翻新新場及伊甸場內所有沙坑，又將 2007 年定為「保養年」（The Year of Maintenance）。到了 2012 年，粉嶺三個球場均配備最新的灌溉系統。現時會方密切監察球場的狀況，並定期收集會員意見，每年按需要重鋪草坪及修改球洞設計，保持球場的水平，為一年一度的香港公開賽提供最優質的比賽場地，鞏固球會於區內的領先地位。[86]

85  The Hong Kong Golf Club, "Annual Report & Accounts 2000", p.3.; "Annual Report & Accounts 2001", p.3; " Annual Report & Accounts 2002", p.3 ; "Annual Report 2006"; "Annual Report 2009".

86  The Hong Kong Golf Club, "Annual Report & Accounts 2000", p.7,8.; "Annual Report 2003"'; " Annual Report 2006" ; "Annual Report 2007" ;"Annual Report 2012".

第三章

# 賽事篇

# 香港哥爾夫球會初創時期的賽事

　　1890 年 1 月，香港哥爾夫球會的快活谷球場開幕，球會在同年 5 月舉辦了首場正式比賽，由球會對陣駐守香港的亞皆及修打蘭高地兵團第九十一砲兵團（91ˢᵗ Regiment of the Argyle & Sutherland Highlanders）。比賽吸引了不少歐裔居民觀戰，並希望報名參與往後的比賽。球會在比賽中輕易獲勝，可說是球會在香港「初試啼聲」的「地標戰」。當時球會的會員多為公務員、軍人和洋行職員，因此會員往往代表所屬機構組隊參戰。例如球會在 1890 年 7 月和 8 月其中兩個星期六下午先後協辦兩場高球比賽，分別由駐港海軍聯隊對陣公務員聯隊，和 Clarke 聯隊對陣 McEwen 聯隊。值得一提的是，Clarke 當時是香港法院法官，而 McEwen 則是怡和洋行的僱員。[1]

　　到了 1892 年，球會在會員 McEwen 的倡議下設立球會史上首個盃賽。該項賽事為一季賽，以比桿賽的形式舉行。第一屆比賽由二十二差點積分的 Capt. Butcher 奪得冠軍，成績為總桿數三十三桿；可惜這項比賽到了 1914 年

---

1　*The China Mail*, 1890-7-29; *The Hong Kong Telegraph*, 1890-8-12; T.F.R. Waters, *History of the Royal Hongkong Golf Club* (Hong Kong: South China Morning Post, 1960), pp.6-7.

就停辦。1894 年，球會創會成員 Mitchell-Innes 籌辦 The Best Score Cup，於每年 9 月至翌年 4 月之間舉行。會員可自由選擇參賽時間，每次參賽前須繳付二十仙作入場費，以取得球賽記分卡，會方則將所得收入一律撥入彩池，可見賽事具娛樂性之餘，甚具「打賭」的意味。每次比賽結束後，會員須交還記分卡，並由會方保管於會所儲物櫃內，成績不公開。到了 3 月底，球會公佈成績，第一名可獲獎盃及彩池內四成的獎金。首屆賽事冠軍為 A.S. Anton，所得獎金為十四元十六仙。[2]

## 3.1.1 球會錦標賽（Club Championship）

1894 年，球會於快活谷舉辦第一屆球會錦標賽，冠軍由 Dumbleton 奪得。Dumbleton 是快活谷球場的設計師，熟悉各個球洞設計，這或許是勝出的關鍵因素。首三屆賽事均以五十四洞淘汰賽形式舉行；賽事分為六輪，每輪為九個球洞賽。[3]

到了 1897 年，球會更改賽制，設有三輪預賽，而決賽則為三十六洞賽。當屆決賽以無間斷的形式舉行；球手中途不能用膳，賽事極具挑戰性。當時香港有報章認為這樣的賽制在遠東地區「即使不是前所未見，也是非常奇怪」，並指出炎熱的天氣和球手的耐性是決定冠軍誰屬的重要因素。比賽歷時一整天，大會更邀請球手們的家眷到場打氣支持，賽事最終由 A.S.Anton 奪得冠軍。[4] 到了 1903 年，大會更改賽程，球手完成首十八個球洞後加插午膳時段，

---

2  Spencer Robinson, *Festina Lente: A History of the Royal Hong Kong Golf Club* (Hong Kong: Royal Hong Kong Golf Club, 1989), p.58.

3  Ibid.

4  *The Hong Kong Weekly Press*, 1897-4-28.

讓球手有充裕的休息時間。[5]

在 19 世紀、20 世紀之交，球會錦標賽冠軍基本上離不開 Dr. J Lowson 及 T.S. Forrest 兩人。Lowson 除了熱愛高球運動，亦是出色的板球員，曾經代表香港往上海參加埠際賽。Lowson 於 1895 年、1896 年、1899 年先後勝出比賽，隨後移居蘇格蘭，而 T.S. Forrest 則於 1900 年、1901 年、1904 年、1905 年及 1907 年先後五奪冠軍，後來協助球會開闢粉嶺球場。[6]

1912 年的比賽可說是當年最戲劇性的賽事。在準決賽中，A.A.W. Waikinshaw 在餘下七個球洞的情況下領先六桿。Walkinshaw 眼見形勢大好，於是邀請好友一起飲酒作樂，豈知對手 Forster-Pegg 後來居上反敗為勝，令 Walkinshaw 未能延續 1910 年奪冠的美夢。Walkinshaw 是滙豐銀行職員，他在 1910 年勝出比賽後獲銀行大班昃臣爵士頒贈十四吋銀盃作紀念。這獎盃只為勝出比賽的滙豐銀行員工而設，別具意義。[7]

1913 年，球會錦標賽最後一次在快活谷球場舉行，是由 Jasper Clark 贏得冠軍；翌年比賽移師粉嶺球場舉行，Jasper Clark 成功衛冕。1915 年 Clark 加入英軍並參與一次大戰，不幸於法國殉職。1919 年，Clark 的妻子設立以丈夫命名的 Jasper Clark Cup 以紀念亡夫。早年的賽事為配合球會錦標賽，以三十六洞比桿賽形式舉行，當中成績最佳的十六位球手可以參加球會錦標賽。到了 1960 年代，球會更改賽制，Jasper Clark Cup 亦因此變成獨立比賽。[8]

1921 年，球會在會員 H Gedge 及 G.M. Young 的支持下，舉辦了青少年

---

5  Spencer Robinson, *Festina Lente: A History of the Royal Hong Kong Golf Club*, p.58.

6  Ibid, p.59.

7  Ibid.

8  Ibid, p.60.

錦標賽（Junior Championship），只限讓桿評分高於十分的會員參加。當時青少年部成立了約三年，會員人數約有二十人。連同球會錦標賽及 Jasper Clark Cup，青少年錦標賽成為球會每年度三大重要賽事之一。1920 年代，球會出現了幾位表現較為出色的會員，包括先後在 1923 年及 1924 年球會錦標賽獲勝的 B.A. Hill，以及於 1916 年、1919 年、1922 年和 1928 年先後奪得四次球會錦標賽冠軍的 A.B. Stewart。Stewart 在 1931 年更在香港首屆高球錦標賽（Colony Championship）中奪冠。[9]

高球錦標賽最初歡迎香港所有高球俱樂部的會員參加，除了香港哥爾夫球會會員，還有九龍高球會、石澳高球會的會員。比賽以三十六洞比桿賽的形式舉行，粉嶺場的舊場及新場各佔十八個球洞，勝出者可獲贈 Fife Quaich 獎盃。當年球會不少會員除了參加球會錦標賽，亦會參加高球錦標賽，表現出色者包括於 1932 年同時贏得兩項比賽冠軍的 M.W. Budd，1933 年至 1935 年連續三年贏得高球錦標賽的 O.E.C. Morton，以及於 1936 年及 1938 年先後贏得高球錦標賽及球會錦標賽的 A.E. Lissaman。[10]

二次大戰後，球會錦標賽和高球錦標賽相繼於 1947 年和 1948 年復辦；不少球會會員秉持戰前傳統，每年參加這兩項本地首屈一指的業餘高球賽事；當中表現較為突出的會員，包括 George Carter、Kim Hall、Alan Sutcliffe 和 Jock Mackie。George Carter 於 1948 年、1955 年、1960 年及 1964 年四奪球會錦標賽冠軍，並曾在 1949 年勝出高球錦標賽。Alan Sutcliffe 則在 1955 年贏得高球錦標賽，並於 1950 年代三度贏得球會錦標賽。Kim Hall 與 Jock Mackie

---

9　T.F.R. Waters, *History of the Royal Hongkong Golf Club*, p.96; Spencer Robinson, *Festina Lente: A History of the Royal Hong Kong Golf Club*, p.60.

10　Spencer Robinson, *Festina Lente: A History of the Royal Hong Kong Golf Club*, p.60.

則在 1950 年代及 1960 年代數次勝出該兩項比賽，其中 Mackie 更於 1950 年代連續三年贏得 Jasper Clark Cup。與此同時，他們在推動香港高球發展方面亦不遺餘力。Kim Hall 於 1950 年代推動復辦香港 — 新加坡埠際賽，他也是後來創辦香港公開賽的關鍵人物。[11] Jock Mackie 則在 1961 年代表香港參加東南亞頂級業餘賽事 Putra Cup，亦是香港得以成功在 1984 年申辦 World Amateur Teams Championship 的重要人物。[12]

踏入 1960 年代，隨着業餘高球運動於東南亞地區起步發展，高球錦標賽亦吸引了不少外地球手參賽。以新加坡為基地的愛爾蘭球手 C.H.Beamish 於 1953 年成為首位奪冠的外國球手，而菲律賓球手 Silverio 則於 1961 年奪冠。1968 年，隨着香港高爾夫球總會成立，高球錦標賽改由高球總會主辦，隨後更名為 Open Amateur Championship，一直以粉嶺球場為唯一的比賽場地，直至 1984 年移師愉景灣球場為止。[13]

### 3.1.2 賽事現況

球會錦標賽自 1894 年開始舉行，至今已有超過一百二十年歷史，是香港現存歷史最悠久的體育賽事之一。現時錦標賽依舊選址粉嶺球場，賽事先在新場和舊場舉行三十六洞比桿資格賽，最高分的十六強再作十八洞比洞賽，賽制與 1921 年舉辦至今的青少年錦標賽相同。Jasper Clark Cup 至今仍是球會每年最重要的比桿賽。現時賽事涵蓋粉嶺三個球場合共五十四個球洞；球手首先於

---

11  Ibid, p.61,63.

12  HK Golfer," Obituary: Jock Mackie," http://www.hkgolfer.com/news/obituary-jock-mackie (accessed July 5,2016).

13  Spencer Robinson, *Festina Lente: A History of the Royal Hong Kong Golf Club*, p.64,65.

星期六前往舊場比賽，然後在星期日於新場及伊甸場一較高下。[14]

　　Open Amateur Championship 現時為香港業餘高球界的重要賽事，分為男子組、女子組、青年組等；男子組和女子組分別設有公開組和非公開組。公開組供全球各地球手報名參加，非公開組則只限本地球手。比賽場地除了在球會的粉嶺球場，還有清水灣、愉景灣、滘西洲等多個自 1980 年代起投入服務的球場。數十年來積極參與香港和東南亞多項業餘比賽的蔡偉達醫生指出，現時高球總會舉辦這些賽事，一方面可以讓高球總會選拔有潛質的球手加以培訓，另一方面讓球手有參加國際賽的機會。他認為「業餘的高球球手也可以參加國際比賽，尤其是現在香港的年輕球員有很多機會到外地參賽，較容易結交外國朋友，到外地交流的機會也增多了」。[15]

---

14　The Hong Kong Golf Club, "Golf Competition," http://www.hkgolfclub.org/golf_competition.php?s=3&ss=303 (accessed July 5, 2016).

15　口述歷史訪談，蔡偉達醫生，2016 年 5 月 5 日。

# 區域性的高爾夫球賽事

## 3.2.1 埠際賽事

香港哥爾夫球會除了舉辦本地賽事，讓會員與香港其他球手一較高下以外，亦會派出成員參加亞太區內舉辦的埠際賽事。早在 20 世紀初，球會已經與區內其他友好球會定期交流並舉辦比賽。到了 1909 年，球會派員前往上海參加三十六洞比桿賽，是球會史上第一次參加埠際賽；這項賽事一直舉辦到 1920 年代初。[16] 1924 年，球會與上海、馬尼拉兩地的高球會合辦三角賽；首屆賽事在上海舉行，後來由三個城市輪流舉辦，直至 1934 年為止。[17]

二次大戰後，東南亞區內的高球會陸續重建，球會之間復辦埠際賽；球會就曾在 1948 年派員前往馬尼拉參賽。[18] 1956 年，香港與新加坡首次合辦正式

---

16　Spencer Robinson, *Festina Lente: A History of the Royal Hong Kong Golf Club*, p.63.

17　T.F.R. Water, *History of the Royal Hongkong Golf Club*, pp.63-64.

18　*The China Mail*, "Interport Golf – Manila Team Due Tomorrow", 1948-2-19.

的埠際賽，香港隊以八比四的成績勝出。[19] 香港與台灣也曾經在 1950 年代合辦台港高爾夫球賽，雙方分別派員參賽，香港的比賽場地就是粉嶺球場。[20] 1956年，台灣舉辦了首屆「國慶」盃業餘高球賽，當年球會派出了吳肇基參賽。他還記得這次比賽的情景：

> 當年參賽的選手來自美國和東南亞等地；我很幸運，第一次參賽就代表香港贏得冠軍，並從何應欽將軍手中接過獎盃；當年頒獎時拍下的照片我保留至今。自從我贏得冠軍以後，球會的華人會員就漸漸得到西人會員的重視。到了 1958 年，球會再次派我到馬尼拉參

19 Spencer Robinson, *Festina Lente: A History of the Royal Hong Kong Golf Club*, p.63.

20 《香港工商日報》，〈香港台灣 哥爾夫球賽 九月舉行〉，1954 年 8 月 30 日；〈台港哥爾夫球賽 今日在粉嶺舉行〉，1958 年 2 月 1 日。

加埠際賽，同年我還在香港的比賽贏得冠軍，成績是破大會紀錄的六十桿。[21]

自 1960 年代起，球會一直與區內的友好高球會保持聯繫，每年舉辦埠際賽事。到了 1980 年代初，時任會長鄭樹安為了進一步加強球會之間的聯繫，決定將比賽改為一年兩次。他現在仍然記得當年的想法：

> 歷史上大家都屬於皇家高球會，泰國的球會名為 Royal Bangkok Golf Club，馬來西亞的名為 Royal Selangor Golf Club，新加坡的名為 Singapore Island Country Club。雖然我們每年都舉辦比賽，但參加的人每年都不一樣，結果大家互不相識。我上任後提出將比賽改為一年兩次，畢竟大家都是華人，會員不論在新加坡、馬來西亞、泰國都能溝通。後來我們四個會更舉辦四角賽，每年各派五十、六十人參賽，很受歡迎，讓大家聯絡感情。[22]

### 3.2.2 東南亞業餘高爾夫球界最高殊榮：Putra Cup

1961 年，時任馬來亞聯合邦（馬來西亞前身）總理的東姑拉曼（Tunku Abdul Rahman）提倡在東南亞區內舉辦一個區域性的業餘高爾夫球錦標賽，並將賽事命名為 Putra Cup。主辦單位邀請香港派員參加，球會派出了 Hugh

---

21　口述歷史訪談，吳肇基先生，2016 年 4 月 19 日；《華僑日報》，〈台高爾夫球賽國慶杯 本港吳肇基奪標〉，1956 年 10 月 10 日。

22　口述歷史訪談，鄭兆權先生、鄭樹安先生，2016 年 4 月 18 日。

Staunton、Bill Leighton、Jock Mackie 和 Alan Sutcliffe 四人參賽。當年除了馬來亞和泰國的代表隊有本地球員參與外,其他地區的隊員都是由歐洲人組成,整體水平不及現時的業餘球手。最終香港隊以三十三桿贏得團隊冠軍,新加坡屈居亞軍;Hugh Staunton 和 Alan Sutcliffe 分別包攬個人冠亞軍,從東姑拉曼手中接過獎項。[23]

Putra Cup 一直舉辦至今,近年先後增設青少年組和女子組賽事,但香港隊多年來一直未能重溫團隊冠軍的美夢,只有 Alan Sutcliffe 和 Brooke Carter 先後於 1962 年和 1976 年代表香港贏得個人冠軍。[24] Hugh Stuanton 很重視這項比賽,他說:

> 現時東南亞地區業餘高球界中,最高殊榮非 Putra Cup 莫屬。這項賽事已經成為年輕業餘球手證明自己實力的競技場,亦是他們晉身為職業球手的踏腳石。現時參賽的球手大部分是十六到十七歲的年輕人,其中表現較為出色的香港球手包括陳芷澄和 Leon D'Souza。[25]

除了 Putra Cup,球會的場地亦曾成為另外兩項亞太區歷史悠久的高爾夫錦標賽的主辦場地,分別是男子組的 Nomura Cup(1997 年)和女子組的

---

23  HK Golfer,"Putra Cup Memories," http://www.hkgolfer.com/features/putra-cup-memories (accessed July 5, 2016);口述歷史訪談,Mr. Hugh Staunton,2016 年 5 月 26 日。

24  HK Golfer, "Setting the Stage," http://www.hkgolfer.com/tournaments/setting-stage (accessed July 5, 2016).

25  口述歷史訪談,Mr. Hugh Staunton,2016 年 5 月 26 日。

Queen Sikirit Cup（1999 年、2001 年及 2015 年）。[26]

## 3.2.3 世界級業餘高爾夫球錦標賽（World Amateur Teams Championship）

在國際層面上，業餘高球壇的最高殊榮非世界級業餘高爾夫球錦標賽莫屬，當中男子組賽事於 1958 年首次舉辦，賽事的場地位於蘇格蘭的 St. Andrews。當年的比賽是由美國總統艾森豪威爾擔任頒獎嘉賓，因此賽事另有一個為人熟悉的名稱叫 The Eisenhower Trophy，並一直沿用至今。首屆女子組賽事則名為 Espirito Santo Trophy，於 1964 年在法國首次舉辦。現時兩項賽事均由國際高爾夫總會（International Golf Federation）主辦，兩年一次。[27]

**1984 年香港哥爾夫球會代表香港首次主辦賽事**

香港於 1962 年首次參與世界級業餘高球錦標賽，當屆賽事在日本舉辦。踏入 1980 年代，球會也希望主辦這項賽事，最終在 1982 年向大會遞交申請希望申辦 1984 年的賽事。

身兼申辦委員會主席及香港隊隊長的 Hugh Staunton 回想起當年的申辦準備工作時說：

---

26  Asia-Pacific Golf Confedeartion,"Brief History of the APGC,"http://asiapacificgolf.org/apgc-history/ ; Queen Sikirit Cup," HISTORY OF THE QUEEN SIRIKIT CUP (SINCE 1979)," http://www.queensirikitcup.org/QSC2014/index.php?p=history (accessed July 5, 2016).

27  International Golf Federation, "WATC History," http://www.igfgolf.org/watc/history-watc/ (accessed July 5, 2016).

當時實力最強的對手是紐西蘭，有很多有名的球手，但我認為香港準備工作做得較好，因為我們的發言人 Jock Mackie 正職是一位推銷員，他成功地向大會推銷香港的優勝之處，包括遊客的好去處以及宜人的氣候。起初我們希望在 11 月舉辦賽事，但歐洲的球手認為屆時球季已經完結，因此希望改為在 9 月舉行，但我們考慮到可能有颱風，也不希望來自四十多個國家的選手因為惡劣天氣而大失所望，因此最後還是決定把比賽日子定在 11 月。[28]


## 籌備賽事的過程

取得主辦權後，球會上下一心，全力投入籌備工作。時任會長 Sandy Hamilton 憶述當年的情況時說：

> 早在 1960 年代末，我就獲邀加入球會內的總務委員會，後來我專心與朋友打球，就放下會務了。到了 1984 年，我獲邀擔任球會會長，後來我明白這是因為香港將第一次主辦 World Amateur Teams Championship，所以希望有一位具經驗且精通英語的高爾夫球手出任這個位置 …… 參賽的選手來自世界各國，這是國際第一次在高爾夫球方面如此關注香港。我們需要事事謹慎，向選手呈現香港最好的一面；我們與 Hugh Staunton 領導的籌委會緊密合作，確保不會發生任何令人尷尬的事。[29]

---

28 口述歷史訪談，Mr. Hugh Staunton，2016 年 5 月 26 日。

29 口述歷史訪談，Mr. Sandy Hamilton，2016 年 5 月 5 日。

其實球會當時面對不少挑戰，Hugh Staunton 指出球會需要動用兩個粉嶺的球場，以容納四十二支參賽隊伍。籌委會於是分為三個小組，分別處理娛樂、交通及賽事三方面的安排。當時粉嶺沒有高速公路連接，利用旅遊巴士將球手從尖沙嘴接載到粉嶺並不容易，亦沒有人希望因交通擠塞而在車上呆等一小時。賽事小組是由香港公開賽營運總監領導，在財政方面遇到的困難不大；畢竟有四十多國的球手參賽，對香港而言是一件好事。結果球會成功向香港商界籌集到足夠的贊助，不需要球會出資。[30]

### 賽事激烈的戰況 [31]

1984 年的世界級業餘高球錦標賽在粉嶺球場舉行，歷時近兩個星期。男子組的比賽共有三十八隊參加。力爭第十次封王的美國隊於賽事首天「打響頭炮」，隊中三位成績最佳的選手取得總桿數二百零九桿，領先英國 — 愛爾蘭隊的二百一十三桿；日本、馬來西亞及阿根廷則並列第三。到了賽事第二天，美國隊表現失準，分數為當天最差的二百三十四桿，被日本隊暫時奪取「一哥」的寶座，令賽事形勢更為混亂：英國 — 愛爾蘭、紐西蘭、菲律賓、馬來西亞及瑞典五隊均有力挑戰日本隊。第三天，英國 — 愛爾蘭隊奮力追趕，賽後總桿數為六百五十二桿，僅落後日本隊一桿。最後一天，日本隊取得二百一十九桿的成績，保住領先優勢，以總分八百七十桿奪冠，而在最後兩天分別取得二百一十八桿及二百一十六桿的美國隊以八百七十七桿獲得亞軍。菲律賓隊取得第三位，為參賽以來最好的成績。

女子組共有二十二隊參賽，賽前大熱是上屆冠軍美國隊。賽事首天，美

---

30 口述歷史訪談，Mr. Hugh Staunton，2016 年 5 月 26 日。

31 World Amateur Golf Council, *Record Book 1984 – World Amateur Golf Team Championships*.

國隊取得一百四十五桿的成績，力壓第二位的西班牙。第二回合，美國隊稍為失準，打出一百五十三桿，西班牙隊卻錯失良機，僅打出一百五十四桿，法國隊則取得一百四十八桿的成績。第二回合完成後，美國以二百九十八桿領先，法國及西班牙則以三百零一桿並列第二。第三日比賽過後，美國隊繼續領先法國隊，英國 — 愛爾蘭隊屈居第三。到了比賽的最後一天，美國隊打出一百四十六桿的成績，以總桿數五百八十五桿奪冠。美國隊的三位選手 Richard、Farr 和 Rosenthal 分別以二百九十五桿、二百九十六桿及二百九十八桿，包攬個人最佳成績的三甲位置。法國隊以五百九十七桿取得亞軍，英國 — 愛爾蘭隊則名列第三。

**賽後的回顧**

從申辦到籌備到舉行，球會的工作雖然艱辛繁重，但賽事最終圓滿結束。這段歷程為 Hugh Staunton 留下了難忘的美好回憶。他說：

> 1984 年的賽事很成功，吸引世界各地的記者前來採訪，為香港這個主辦城市贏得很好的聲譽，也再一次向世界證明香港有能力舉辦世界級的高球賽事。賽後蘇格蘭 St. Andrews 和美國的高球專家也表示這屆賽事為歷屆最佳。可惜當時高爾夫球在香港算是一項小眾運動，賽事只有大約二萬人參與，才剛起步轉變為一項面向大眾的運動。因此，我們沒有向香港社會大力宣傳這項賽事。加上礙於技術限制，未能向香港的觀眾直播。[32]

---

32  口述歷史訪談，Mr. Hugh Staunton，2016 年 5 月 26 日。

## 力爭 2020 年再次主辦賽事

球會現正計劃在 2020 年再次主辦賽事，Hugh Staunton 對這次申辦充滿信心。他說：

> 香港一直是一個非常適合舉辦國際級大型活動的城市。香港人於不同領域和專業的水平都很高，擅於接待來自世界各地的人士，相信球會在 2020 年舉辦賽事時不會有太大困難。儘管要接待大量球手，尤其女性球手的人數應該會比以往增加不少，但沙田區的酒店應能為球手提供足夠的住宿設施。此外，粉嶺球場的交通相比 1980 年代已改善了很多。雖然賽事期間，粉嶺球場的會員有大約兩個星期的時間不能在球場打球，難免會有些失望，但球會需要在兩者之間取得平衡。我十分感謝會員的體諒和支持，希望屆時會員能夠來到粉嶺觀賽。[33]

---

33 口述歷史訪談，Mr. Hugh Staunton，2016 年 5 月 26 日。

# 香港高爾夫球公開賽的發展

## 3.3.1 初創時期

1950 年代，菲律賓是亞洲區高球界最具影響力的國家，菲律賓公開賽（The Philippines Open）被視為亞太區唯一正式的職業高球錦標賽，可說是區內高球界的盛事，不少來自澳洲的好手亦會參加。1958 年，香港哥爾夫球會會員 Kim Hall 在一次聚會中，向澳洲著名高球手 Eric Cremin 提議，邀請將參加 1959 年菲律賓公開賽的澳洲球手來港參與一場專業的高球錦標賽。兩人達成同識，隨即展開籌備工作。[34]

Kim Hall 聯絡在《南華早報》擔任秘書的好友 Peter Plumley，邀請該報贊助比賽，並獲得會長 Vichy Waters 的同意和支持。《南華早報》答應贊助一千元英鎊作為賽事的獎金，成為賽事的冠名贊助機構。同時，Kim Hall 找

---

34　*HK Golfer* November 2008,27.; Spencer Robinson, *Festina Lente: A History of the Royal Hong Kong Golf Club*, p.85; Donald Steel ed., *The Guinness Book of Golf Facts and Feats* (Enfield, Middlesex: Guinness Superlatives, 1980), p.141.

來一班香港高球界人士成立賽事籌備委員會，擬好計劃定於 1959 年 1 月舉行比賽，並以球會位於粉嶺的球場為比賽場地。當時高球運動在香港尚未普及，但高球圈內的人士都互相認識，易於溝通和交流，因此籌備工作一直順利推行。[35]

1959 年 1 月 31 日，第一屆香港高爾夫球公開賽正式展開，名為南華早報盃（The South China Morning Post Cup），冠軍可贏得兩千元港幣。首屆賽事的參賽球手共有二十四位，當中有來自香港以外的職業球手，包括澳洲好手 Kel Nagle 和西班牙名將 Ángel Miguel；也有本地的業餘球手。那時參賽資格比現時寬鬆，業餘球手可以與職業球手同場較量，機會可謂千載難逢。[36]

首屆賽事吸引約一千名觀眾到場觀賞，當中包括港督柏立基（Robert Black）伉儷及議員大班祈德尊爵士（Douglas Clague）伉儷。[37] 據當年參與籌辦賽事的資深會員憶述，那一次是香港高球界首次籌辦大型國際錦標賽，由於經驗不足，資訊發佈有疏漏，球場內的記者室是由會所的安靜室臨時改建而成，場內的保安工作和人潮管制工作就由駐港英軍兼任，可幸賽事完滿結束。有趣的是，當年有些來自美國的球手要向商人借旅費以購買來港機票和租住酒店，並於比賽後拿出部分獎金還款。[38]

經過一連兩天的「龍爭虎鬥」，年僅二十三歲來自台灣的呂良煥以總成績二百八十一桿贏得首屆賽事冠軍。比賽過後，他獲邀加入球會，擔任總教練（Head Pro）。呂良煥任職期間，被英國媒體暱稱為 "Mr. Lu"。他在 1971 年

---

35 Ibid.

36 *Hong Kong Annual Report 1959* (Hong Kong : Govt. of Hong Kong, 1959), p.305; *HK Golfer* November 2008, p.28.

37 "S.C.M. Post Open Golf Competition,"*South China Morning Post,* 2 February 1959.

38 *HK Golfer* November 2008, p.28.

在英國皇家伯克戴爾球場（Royal Birkdale）舉辦的英國公開賽（The British Open Championship）中贏得亞軍，僅次於當時的美國名將 Lee Trevino，從此在高球界打響名堂，同時為香港高球界增光。呂氏於 1974 年再度於香港公開賽勝出，實力非凡。[39]

翌年，《南華早報》再次提供贊助，The South China Morning Post Cup 亦正式以香港高爾夫球公開賽（The Hong Kong Open Championship）名義舉辦。該屆比賽有來自澳洲、西班牙、菲律賓、韓國和台灣等地的球手參加，最終由曾經四奪英國高爾夫球公開賽（The British Open Championship）冠軍的澳洲球手 Peter Thomson 以總成績二百七十二桿奪冠，刷新了大會紀錄。第二次參賽的澳洲球手 Kel Nagle 則奪得亞軍。他球技非比尋常，是同年舉辦的第一百屆英國高爾夫球公開賽的冠軍，翌年再度參加香港高爾夫球公開賽亦奪得冠軍。

1963 年，台灣代表謝永郁奪得該屆賽事冠軍，是繼呂良煥之後第二位奪得該項殊榮

謝永郁

Peter Thomson 於 1967 年第三度奪得香港高爾夫球公開賽冠軍榮銜

---

39　*HK Golfer* vol20, 24；《香港工商日報》，〈高爾夫球賽錦標 我國呂良煥 獲職業冠軍〉，1959 年 2 月 3 日；Donald Steel ed., *The Guinness Book of Golf Facts and Feats*, p.141。

的華人球手。他在翌年的賽事再度奪冠，是香港高球公開賽史上第一位成功蟬聯的球手。謝永郁創下的紀錄在往後近半個世紀都未有球手成功挑戰，直至2013年才被外號「雪茄占」的西班牙名將 Miguel Angel Jiménez 追平。到了1967年，五奪英國公開賽桂冠的 Peter Thomson 再度來港參賽並順利贏得冠軍，成為第一位三奪香港公開賽冠軍的球手。[40]

　　香港高爾夫球公開賽在創辦初期可謂十分成功，吸引不少世界級好手前來競技，這對往後繼續舉辦賽事有很大的鼓舞。1964年，會方找到實力雄厚的英美煙草公司加入贊助行列，獎金的增加使賽事更具吸引力。[41]不過綜觀1960年代，香港公開賽剛剛起步，尚未在亞洲高球界確立領導地位。因此，當時大會在考慮比賽日期時，須讓路予菲律賓公開賽和日本舉辦的盃賽，確保球手可以抽空來港參賽。因此，比賽日期必須定在農曆新年或清明節前後，但春季天氣難料，對場地保養和球手發揮的挑戰亦不小。[42]1960年，遠東高爾夫球巡迴賽（Far East Golf Circuit）開始舉辦，比賽地點包括馬尼拉、新加坡以及香港（馬來西亞和日本亦在數年內相繼加入），有助加強香港高球界與區內同業的聯繫。[43]隨着亞太高爾夫球聯盟（Asia Pacific Golf Confederation）於1963年成立，加上香港代表 Bertie To 後來出任聯盟秘書，香港高球界的國際地位越見提升。另外，越來越多世界級球星來港參賽，香港公開賽的重要性亦

---

40　*HK Golfer* vol20,24; Hong Kong Open, *"Past Champions,"* http://www.hongkongopenchampionship.com/eng/tournament-information/past-champions/9/ (accessed February 2, 2015).

41　*Hong Kong 1960* (Hong Kong : Govt. of Hong Kong, 1959), p.280 ; Spencer Robinson, *Festina Lente: A History of the Royal Hong Kong Golf Club*, p.87; Donald Steel ed., *The Guinness Book of Golf Facts and Feats*, p.141.

42　*HK Golfer* November 2008, p29.

43　*Hong Kong* 1960, p.280, 311.

日漸提高，訂立賽程時亦比以往更為靈活。[44]1968 年香港公開賽的總獎金已達九萬元港幣，超越了遠東高爾夫球巡迴賽，確立了香港公開賽在亞洲高球界的領先地位。[45]

### 3.3.2 香港高爾夫球總會成為主辦機構

1968 年，香港高爾夫球總會成立，自此取代香港哥爾夫球會成為香港高爾夫球公開賽的主辦機構。資深會員吳肇基指出，當年香港公開賽漸上軌道，球會籌辦賽事時需要兼顧很多事情，其他球會亦難以提供協助。作為香港當年唯一的高球俱樂部，球會可謂獨力難支。因此，會眾決定成立一個高爾夫球總會負責策劃和籌辦賽事，球會就負責提供場地，這個安排一直維持至今。[46]

多年來，兩者維持緊密關係，除了合辦香港公開賽之外，總會的不少成員也是球會的會員。在 1980 年代愉景灣和清水灣高球會出現以前，總會的財政來源都是來自球會，後來其他高球會陸續成立，球會在財政方面的投入才相對減少。[47]現時總會是管理香港高球運動的機構，負責舉辦本地及國際高球賽事、管理讓桿系統、推廣青訓及培訓香港代表隊成員。[48]總會沒有球場，需要依靠球會提供球場才能舉辦本地及國際業餘及職業賽事，當中又以香港哥爾夫球會提供最多的場地協助。

---

44 Asia Pacific Golf Confedeation, "History,"*http://asiapacificgolf.org/apgc-history/* (accessed February 2, 2015); *HK Golfer* November 2008, p29.

45 *Hong Kong* 1968, p.235.

46 口述歷史訪談，吳肇基先生，2016 年 4 月 19 日。

47 口述歷史訪談，蔡偉達先生，2016 年 5 月 5 日。

48 "Hong Kong Golf Association," About Us", http://www.hkga.com/eng/about_us.aspx (accessed July12, 2016).

高球總會主辦的香港公開賽承接以往的氣勢，繼續吸引世界各地好手參賽。日本球手杉原輝雄和 Isao Katsumata 先後於 1969 年和 1970 年奪得冠軍，終結了香港公開賽舉辦近十年來由澳洲球手和台灣球手平分天下的局面。日本選手的成功，反映出六七十年代亞洲高球界各國實力的此消彼長。這時候日本已取代菲律賓成為亞洲高球界的龍頭。在往後數年間，賽事的皇者寶座又重回歐美球手手中。1971 年，曾贏得 1969 年美國公開賽冠軍的 Orville Moody 從港督戴麟趾手上捧走獎盃，成為首位贏得香港公開賽的美國球手。翌年，Walter Godfrey 成為首位掄元的紐西蘭球手。[49]

1973 年，隨着伊甸場的運作漸上軌道，球會和高球總會決定更改賽事場地，改為由新場－伊甸場合併而成的十八洞場地，新場和伊甸場各設九個球洞。到了 1970 年中後期，台灣選手不甘示弱，在 1974 年至 1981 年的八年間包辦了七屆賽事的冠軍寶座。除了早已打響名堂的呂良煥和謝永郁，還有 1976 年的冠軍何明忠、1977 年的冠軍謝敏男、1980 年的郭吉雄及 1981 年的陳志明。1970 年代的賽事中，以 1979 年的賽事最為經典的一屆賽事。在賽事開始前，國泰航空宣佈由當屆開始連續八年擔任香港公開賽的主要贊助商之一，為香港公開賽在 1980 年代的發展打下強心針。曾奪得英國公開賽及美國公開賽冠軍的英國球手 Tony Jacklin 被寄予厚望，極有機會成為在香港公開賽奪冠的首位英國球手。然而，Jacklin 發揮未如理想，最終冠軍由來自澳洲剛轉職業球手兩年的後起之秀 Greg Norman 奪得。Norman 於 1983 年再次勝出香港公開賽，又於 1980 年代後期兩奪英國公開賽冠軍，成為澳洲的一代球星。[50]

到了 1980 年代，香港公開賽作為亞洲區內其中一個最具聲望的高球錦標

---

49  Spencer Robinson, *Festina Lente: A History of the Royal Hong Kong Golf Club*, pp.90-91.

50  Ibid, pp.91-93; *HK Golfer* vol 20,24.

賽，繼續吸引來自世界各國的高球好手齊集粉嶺球場一較高下。儘管不少知名的英國球手如 Sandy Lyle、Brian Barnes、Peter Townsend、Sam Torrance 和 Nick Faldo 等先後參賽，仍然未有人能夠將冠軍寶座帶回英國；香港公開賽的桂冠反而先後四次成為了美國選手的囊中物，包括 Kurt Cox (1982 年)、Bill Brask (1984 年)、Mark Aebli(1985 年) 和 Brian Claar(1989 年)，還有緊接於 1990 年奪冠的 Ken Green。唯一例外的是 1987 年的賽事，來自威爾斯的 Ian Woosnam 為英國球手取得「零的突破」，首次贏得香港公開賽。該屆賽事對英國球手來說同時是一次「大豐收」，皆因英國球手 Sam Torrance、David Feherty 和 Ronan Rafferty 依次包辦了賽事的第二至四位。[51]

---

51  Spencer Robinson, *Festina Lente: A History of the Royal Hong Kong Golf Club*, p.93,96-97.

### 3.3.3 1990 年的香港公開賽

踏入 1990 年代，賽事總獎金比早年大幅增加，並逐漸確立其國際級賽事的地位。1990 年的總獎金經已高達二十萬美元。當屆賽事由於天雨關係，只進行了三輪，最終由美國球手 Ken Green 衛冕。令人驚喜的是，當屆賽事共有二十三名香港球手參加。本地不少球迷均認為香港球手有望創造佳績，最後邱永明和 Dominique Boulet 分別奪得第八名及第十八名。[52] 翌年，Bernhard Langer 成為賽事舉辦以來第一位奪冠的德國球手。[53]1993 年，美國球手 Brian Watts 奪冠。當屆賽事發生不少有趣插曲，除了日本球手青木功因錯填計分卡而被取消資格外，陳志忠的球更於比賽期間被兩名無故進入場內的不知名人士偷走。幸得在場觀眾發現，經裁判決定後以免罰杆拋球（free-drop）處理，事件才告一段落。陳氏的發揮未受影響，最終奪得亞軍。[54]1996 年，菲律賓球手 Rodrigo Cuello 成為第一位掄元的菲律賓球手，同時成為自 1988 年以來，首位奪冠的

Tom Watson 於 1992 年香港高爾夫球公開賽摘冠

52 "Prospects Never so Good for Hongkong,"*South China Morning Post*, 18 February, 1990; 'Happy Green in His Element,' *South China Morning Post*, 26 February, 1990.

53 "Langer Tames Fanling,"*South China Morning Post*, 11 February, 1991.

54 "Thief Has a Ball but Chen Takes Runners-up Cheque,"*South China Morning Post*, 15 February, 1993.

亞洲球手。[55]1997 年香港回歸後首屆賽事於 12 月舉行。當屆賽事共有七千名觀眾進場欣賞，中國內地首席球手張連偉進場時，更得在場觀眾熱烈鼓掌歡迎。紐西蘭球手 Frank Nobilo 最終奪冠，亞洲球手的成績亦非常理想，包辦了前七位球手中的五位，韓國選手姜旭淳得到亞軍，張連偉則排行第五。[56]

### 3.3.4 踏入 21 世紀：升格為歐洲巡迴賽認可賽事

2000 年，英格蘭球手 Simon Dyson 在四輪比賽都處於前列位置的情況下，以低標準桿二十一桿的成績奪冠。[57] 澳洲小將 Kim Felton 雖然與另外兩位球手並列亞軍，但在賽事的第二天卻做出低標準桿十一桿的成績，破了近年亞洲巡迴賽的桿數紀錄。但因天雨關係，大會容許球手抹走球上泥灣，並轉移部分發球位置，因此當天的賽事記錄不能納入正式官方記錄，但 Felton 出色的表現，已為在場的一眾球手和觀眾帶來驚喜。[58]

2001 年，香港公開賽首度成為亞洲巡迴賽（Asian Tour）及歐洲巡迴賽（European Tour）的雙重認可賽事，參賽球手近一百位，賽事水準比歷屆為高，總獎金亦增加至七十萬美元。[59] 西班牙球星 José María Olazábal 於最後一輪力追一直領先的 Henrik Bjornstad 和 Adam Scott，三人需要在最後一洞一決高下，結果 Olazábal 僅以一桿之微險勝。[60]

---

55 "Cuello Shrugs off All Challengers in Open Win," *South China Morning Post*, 9 December, 1996.

56 Kang Heads Charge from Asia's Finest,' *South China Morning Post*, 8 December, 1997.

57 《明報》，〈戴臣順利稱王〉，2000 年 12 月 18 日。

58 中央通訊社，〈香港高球賽澳洲新手費爾頓六十桿傲視全場〉，2000 年 12 月 15 日。

59 《成報》，〈歐米茄香港公開賽增獎金 球手水準歷屆最高〉，2001 年 11 月 28 日。

60 《成報》，〈香港公開賽煞科戰激烈 奧拉沙比憑後勁摘冠〉，2001 年 12 月 3 日。

奧拉沙寶（José María Olazábal）

　　2003 年，香港公開賽在 Padraig Harrington、Fredrik Jacobson、Michael Campbell 和崔京周等球星助陣下展開。中國內地首席球手張連偉則未能取得佳績，無法一嘗同年奪得內地、香港、澳門三地「大滿貫」的滋味。當時世界排名第十的愛爾蘭球星 Padraig Harrington 一直落後於南非球手 Hennie Otto，至最後一輪第十六洞追至僅落後一桿。Harrington 憑着冷靜和出色的發揮，先在第十七洞追平，並在最後一洞反超前一桿奪得冠軍，繼 2001 年 José María Olazábal 後上奪冠後，再次出現戲劇性賽果。[61] 2004 年和 2005 年的賽事同樣出現戲劇性賽果，西班牙球星 Miguel Angel Jimenez 及蘇格蘭球手 Colin Montgomerie 均在最後一洞發揮出色，同樣以一桿之差氣走對手奪冠，當中 Miguel Angel Jimenez 在 2007 年的比賽更再次在同樣情況下取勝，第二度問鼎冠軍寶座。[62]

---

61 《成報》，〈張連偉誓圓中港澳稱霸夢〉，2003 年 12 月 2 日；《東方日報》，〈夏寧頓後上封王〉，2003 年 12 月 8 日。

62 《星島日報》，〈煞科日最後一洞分高下 占文尼斯險勝封王〉，2004 年 12 月 6 日；《蘋果日報》，〈奪魁多得京士頓段失準　蒙哥馬利險勝一桿〉，2005 年 12 月 5 日；《信報》，〈西國「高人」在港初嘗冠軍滋味〉，2006 年 11 月 20 日；《文匯報》，〈西蒙尼斯一桿擊敗對手 港公開賽封王〉，2007 年 11 月 19 日。

2008 年，大會為慶祝賽事舉辦五十週年，讓 1959 年出生的觀眾可以免費入場欣賞四日賽事。另外又邀請前冠軍 Bernhard Langer、José María Olazábal、Miguel Angel Jimenez 和中國內地頂級球手梁文沖、張連偉等人參加開幕典禮，更有一連串表演節目。[63] 該屆賽事總獎金高達兩百五十萬美元，台灣球手林文堂、北愛爾蘭新星 Rory McIlroy 和意大利球手 Franesco Molinari 於比賽最後一輪的最後一洞打成平手，需要展開附加賽。林文堂和 Rory McIlroy 在第一輪附加賽打成平手，到了第二輪林文堂打出小鳥球取勝，成為自 1998 年以來第一位贏冠的亞洲球手。[64]

自 2009 年起，歐洲巡迴賽新增杜拜錦標賽（DP World Tour Championship, Dubai），並作為歐巡賽賽季的最後一站，排名前列球手可瓜分數百萬美元的巨額年終獎金，同時在歐巡賽加上 "Road to Dubai" 的稱號。香港公開賽作為當屆歐巡賽倒數第二站，成績直接影響到參賽球手的年終排名及獎金多寡，使賽事更為緊張和刺激。在賽事開始前，Lee Westwood 在總獎金排行榜暫時力壓 Rory McIlroy。決賽時，法國球手 Grégory Bourdy 一直領先，Rory McIlroy 後勁凌厲，但在第十七洞失準，最終敗給 Grégory Bourdy，屈居亞軍，但在總獎金排行榜卻反超前 Lee Westwood。[65]

2010 年，英格蘭球手 Ian Poulter 憑着穩定發揮，力壓 Matteo Manassero 和 2000 年冠軍 Simon Dyson，取得冠軍。[66]2011 年，北愛爾蘭球星 Rory McIlroy 第四次參賽，終於初嘗冠軍滋味。Rory McIlroy 在前三局落後的情

---

63 《香港商報》，〈慶第五十屆港高球賽節目多〉，2008 年 11 月 14 日。

64 "Lin Lifts Trophy After Enthralling Playoff,"UBS Hong Kong Open, http://ubshkopen. com/2008/11/23/lin-lifts-trophy-after-enthralling-playoff/.

65 《信報》，〈瑞銀香港公開賽 布圭迪直搗黃龍〉，2009 年 11 月 16 日。

66 《信報》，〈保爾特勇奪瑞銀香港公開賽冠軍〉，2010 年 11 月 22 日。

況下力追，最後在第四輪反超奪冠。當屆年僅十七歲的香港小將黑純一表現出色，成為唯一晉級的香港球手。[67] 翌年賽事，Rory McIlroy 以大熱姿態爭取衛冕，可惜頭兩輪發揮失準，提早出局，最終由 Miguel Angel Jimenez 第三度奪冠。[68]

2013 年，Miguel Angel Jimenez 第四次奪得冠軍，追平台灣球手謝永郁四奪冠軍的紀錄，同時以四十九歲三百三十七日之齡打破自己上年在香港公開賽所創造的舊紀錄，成為歐賽史上最

林文堂

年長的冠軍者。2012 年全運會高球項目奪得男子團體銀牌的香港代表隊，亦派出鄧子鏗、黃煥文和黑純一參賽。[69] 鄧子鏗是香港第一位在香港註冊的華人全職職業高球手，自 2010 年開始一直參加香港、東南亞及內地的高球賽事以汲取經驗，亦是香港高球代表隊的成員。最近數屆賽事鄧子鏗均有參加，他指出參加香港公開賽必須依靠自己的實力，大會不會因為球手來自香港而予以優

67 《成報》，〈苦等三年 麥伊萊終揚威香江〉，2011 年 12 月 5 日。

68 《文匯報》，〈麥基爾羅伊香港賽尷尬出局〉，2012 年 11 月 17 日。

69 《星島日報》，〈球迷入場齊撐「自己友」〉，2013 年 12 月 1 日；《太陽報》，〈占文尼斯冧莊歡雪茄慶祝〉，2013 年 12 月 9 日。

麥爾萊（Rory McIlroy）

謙蒙尼斯（Miguel Angel Jiménez）

待。雖然未能參與 2016 年里約奧運，但鄧子鏗寄望參與 2020 年東京奧運，他必須將世界排名提升至頭三百位才可以入圍。他指出自己才三十出頭，往後的職業生涯仍然很漫長，就像釀酒一樣，要有決心才可以繼續走下去，否則很快就會放棄。[70]

自香港公開賽成為歐賽分站後，每屆賽事過程均驚險刺激，球手往往需要爭持至最後一輪第十八洞才能分出勝負。2014 年和 2015 年的賽事亦依循着這個常態，未到最後一刻不知鹿死誰手。2014 年，澳洲球手 Scott Hend 和菲律賓球手 Angelo Que 激戰至最後一輪第十八洞後，雙雙以低標準十三桿並列首位，令賽事再次以附加賽決勝。最終，Angelo Que 打出高標準桿一桿的「柏忌」（Bogey），以一桿之差失落冠軍。[71] 2015 年，一如所料成為英格蘭球手 Justin Rose 和丹麥球手 Lucas Bjerregaard 之爭。Lucas Bjerregaard 在大部分時間一直領先，但在第十四洞打出高標準桿兩桿的「雙柏忌」（Double Bogey），結果被 Justin Rose 反超前一桿，Justin Rose 保持優勢，直至最後奪冠。[72]

高球自 1904 年首次成為奧運會競技項目後，相隔 112 年的 2016 年再次成為奧運會項目之一，為那屆香港公開賽增添一重歷史意義。上屆香港公開賽冠軍 Justin Rose 乘奧運奪金的氣勢，再度來港力爭衛冕，聯同前冠軍 Scott Hend、Ian Poulter、Miguel Angel Jiménez 和剛剛贏得美國大師賽（Masters Tournament）的 Danny Willett 同場競技。賽事初段，Danny Willett 等英國球手一度領前，到了尾段卻成為西班牙球星 Rafa Bello 與名不經傳的澳洲球手 Sam Brezel 之爭。Sam Brezel 最終在第十八洞以一桿之差險勝，奪得冠軍，世

---

70　口述歷史訪談，鄧子鏗先生，2016 年 4 月 28 日。

71　《太陽報》，〈驚險捧盃！漢特冠軍獻孖仔〉，2014 年 10 月 20 日。

72　《東方日報》，〈羅斯險勝封王〉，2015 年 10 月 26 日。

界排名由四百八十名急升至一百五十名以內。[73]

近年，有鑑於高球運動在香港日漸普及，大會連同球會、高球總會及賽事贊助商聯手開展各種各樣的活動，讓社會大眾，特別是年輕一代認識高球運動，惠澤社群。自 2012 年起，主辦單位每年都會在香港鬧市舉辦城市高球挑戰賽，讓部分參賽球星例如 Rory McIlroy、José Maria Olazábal、Justin Rose 和 Graeme McDowell 等大顯身手之餘，也讓廣大球迷一睹世界級巨星的風采。[74] 不少參賽球手亦樂意在賽事前後，於球會或香港其他球場傳授球技，例如中國內地新星關天朗及泰國新貴 Panuphol Pittayarat 分別於 2013 年及 2015 年指導香港學生及香港盲人體育總會成員高球技巧。[75]

除了讓收費電視轉播賽事和提供網上購票外，大會在 2018 年讓公眾人士選擇其中一個比賽日免費入場欣賞賽事，使當屆賽事觀眾多達四萬九千二百六十三人。2016 年的賽事，大會更將免費入場的比賽日數增加至兩日，並向學校和非牟利團體派發近五千張門票，二十一歲以下人士更可於錦標賽全部四天賽事免費入場。[76] 同時，大會自 2015 年起舉辦香港高爾夫球公開賽

---

73 《東方日報》，〈「幸運小鳥」絕殺貝羅 巴素爾捧走二百六十萬〉，2016 年 12 月 12 日。

74 "McIlroy and Co face the ultimate 'Urban Golf Challenge'", *UBS Hong Kong Open*, http://ubshkopen.com/2012/11/14/mcilroy-and-co-face-the-ultimate-urban-golf-challenge/ ; 'Global stars take UBS Hong Kong Open's 'Urban Golf Challenge'," UBS Hong Kong Open, http://ubshkopen.com/2015/10/23/global-stars-take-ubs-hong-kong-opens-urban-golf-challenge/ (accessed February 20, 2016).

75 "Guan Tianlang, the Chinese golf prodigy, coached the local kids in Fanling venue of Hong Kong Golf Club,' ", *UBS Hong Kong Open*, http://ubshkopen.com/2013/11/20/guan-tianlang-the-chinese-golf-prodigy-coached-the-local-kids-in-fanling-venue-of-hong-kong-golf-club-hkgc-a-world-class-sport-facility-vital-to-promoting-golfing-in-hong-kong-hk/ ; 'Thai golfer Panuphol PITTAYARAT attends Hong Kong Blind Sports Federation Golf Clin," *UBS Hong Kong Open* ihttp://ubshkopen.com/2015/10/23/thai-golfer-panuphol-pittayarat-attends-hong-kong-blind-sports-federation-golf-clini/ (accessed February 20, 2016).

76 UBS Hong Kong Open, "UBS Hong Kong Open Charity Cup today raised HK$2.3million for children and youth in Hong Kong,".

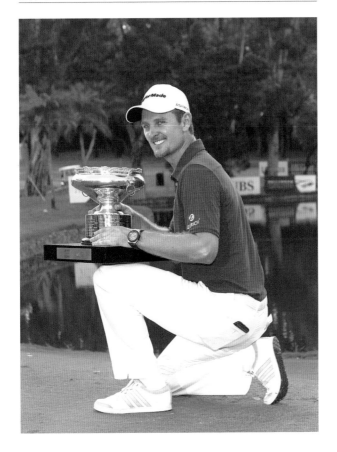

慈善盃，並於 2017 年及 2018 年分別籌得五百萬港元及四百萬港元善款，用於協助香港的兒童和青少年。[77]

---

77 http://ubshkopen.com/2015/10/28/ubs-hong-kong-open-charity-cup-today-raised-hk2-3million-for-children-and-youth-in-hong-kong ; 'Alan Tam attends 2016 UBS Hong Kong Open Charity Cup tee-off ceremony at Hong Kong Golf Club," UBS Hong Kong Open, http://ubshkopen.com/2016/12/14/2016-ubs-hong-kong-open-charity-cup-raises-hk3000000/ (accessed February 20, 2016).

## 歷屆香港公開賽冠軍（1959-2015）[78]

| 年份 | 球手 |
|------|------|
| 1959 | 呂良煥（台灣） |
| 1960 | Peter Thomson（澳洲） |
| 1961 | Kel Nagle（澳洲） |
| 1962 | Len Woodward（澳洲） |
| 1963 | 謝永郁（台灣） |
| 1964 | 謝永郁（台灣） |
| 1965 | Peter Thomson（澳洲） |
| 1966 | Frank Philips（澳洲） |
| 1967 | Peter Thomson（澳洲） |
| 1968 | Randall Vines（澳洲） |
| 1969 | 杉原輝雄（日本） |
| 1970 | Isao Katsumata（日本） |
| 1971 | Orville Moody（美國） |
| 1972 | Walter Godfrey（紐西蘭） |
| 1973 | Frank Philips（澳洲） |
| 1974 | 呂良煥（台灣） |
| 1975 | 謝永郁（台灣） |
| 1976 | 何明忠（台灣） |
| 1977 | 謝敏男（台灣） |
| 1978 | 謝永郁（台灣） |
| 1979 | Greg Norman（澳洲） |
| 1980 | 郭吉雄（台灣） |

---

78　UBS Hong Kong Open, "Past Champions," http://ubshkopen.com/event-factsheet/ (accessed February 20, 2016).

| 年份 | 球手 |
|------|------|
| 1981 | 陳志明（台灣） |
| 1982 | Kurt Cox（美國） |
| 1983 | Greg Norman（澳洲） |
| 1984 | Bill Brask（美國） |
| 1985 | Mark Aebli（美國） |
| 1986 | 金井清一（日本） |
| 1987 | Ian Woosnam（威爾士） |
| 1988 | 謝錦升（台灣） |
| 1989 | Brian Claar（美國） |
| 1990 | Ken Green（美國） |
| 1991 | Bernhard Langer（德國） |
| 1992 | Tom Watson（美國） |
| 1993 | Brian Watts（美國） |
| 1994 | David Frost（南非） |
| 1995 | Gary Webb（美國） |
| 1996 | Rodrigo Cuello（菲律賓） |
| 1997 | Frank Nobilo（紐西蘭） |
| 1998 | 姜旭淳（韓國） |
| 1999 | Patrik Sjoland（瑞典） |
| 2000 | Simon Dyson（英國） |
| 2001 | Jose Maria Olazabal（西班牙） |
| 2002 | Fredrik Jacobson（瑞典） |
| 2003 | Padraig Harrington（愛爾蘭） |
| 2004 | Miguel Angel Jimenez（西班牙） |
| 2005 | Colin Montgomerie（蘇格蘭） |

| 年份 | 球手 |
| --- | --- |
| 2006 | Jose Manuel Lara（西班牙） |
| 2007 | Miguel Angel Jimenez（西班牙） |
| 2008 | 林文堂（台灣） |
| 2009 | Gregory Bourdy（法國） |
| 2010 | Ian Poulter（英國） |
| 2011 | Rory McIlroy（北愛爾蘭） |
| 2012 | Miguel Angel Jiménez（西班牙） |
| 2013 | Miguel Angel Jiménez（西班牙） |
| 2014 | Scott Hend（澳洲） |
| 2015 | Justin Rose（英國） |
| 2016 | Sam Brazel（澳洲） |
| 2017 | Wade Ormsby（澳洲） |
| 2018 | Aaron Rai（英國） |

　　回顧香港公開賽的發展，其在高球界的地位不容置疑。粉嶺球場逾半世紀作為香港公開賽的唯一舉辦場地，可說是香港公開賽賴以成功的關鍵之一。直到今天，粉嶺球場仍然是香港唯一一個符合國際水平的高球場。香港高球界普遍認為滘西洲、石澳等地與粉嶺相比，觀眾容納人數相對有限，交通配套也不完善，亦不具備舉辦香港公開賽這些國際級賽事的能力。每年舉辦賽事時，在場的球手、觀眾，和世界各地的球迷均可透過電視轉播欣賞粉嶺球場美麗的自然景觀。不少曾經來港參賽的世界頂尖球星，例如 Rory McIlroy、Miguel Angel Jiménez、張連偉和 Lee Westwood 等人都認為粉嶺球場是他們最喜愛的球場之一，也是亞太區內其中一個最具挑戰性的球場。

現時，香港公開賽是亞太區內其中一項最具聲望的高球賽事，不但得到亞巡賽及歐巡賽兩大世界頂尖高球賽事認證，更是亞太區內少數自成立至今每年舉辦的高球賽事。賽事每年邀請數十位世界各地的頂尖高球手來港獻技，吸引數以千計的旅客專程訪港，為香港每年的體壇盛事之一。自 2011 年起，每屆香港公開賽均獲香港政府的盛事基金撥款支持，足見賽事對香港旅遊業的貢獻。[79]

---

79　旅遊事務署，「盛事基金－新聞公報」http://www.tourism.gov.hk/tc_chi/mef/mef_press.html。

# 第四章

# 球例與裁判篇

# 球例的誕生與發展

　　儘管高爾夫球有超過五百年的歷史，但現存最早的球例只能追溯至 1744 年 The Honourable Company of Edinburgh Golfers 制定的十三條高球球例（Articles & Laws in Playing at Golf），當中有不少內容與今日的球例相同[1]：

(1)　You must Tee your Ball, within a Club's length of the Hole.

你必須在距離球洞一支球桿的範圍內開球。

(2)　Your Tee must be upon the Ground.

你必須於地面上發球。

(3)　You are not to change the Ball which you Strike off the Tee.

你不能於比賽期間更換另一個高球。

(4)　You are not to remove Stones, Bones or any Break Club, for the sake of playing your Ball, Except upon the fair Green, & that only

---

1　National Library of Scotland, –First rules of golf, Historical Sources  http://digital.nls.uk/golf-in-scotland/rules/articles-laws.html.

within a Club's length of your Ball.

你不能為了方便擊球，而移動球道上的物件（石塊、骨頭或斷裂的球桿等）。若高球位於果嶺，你可以清除距離球一桿範圍內的物件。

(5) If your Ball come among Watter, or any wattery filth, you are at liberty to take out your Ball & bringing it behind the hazard and Teeing it, you may play it with any Club and allow your Adversary a Stroke for so getting out your Ball.

如果你將高球打到水或沼澤中，可以將球取出，然後置於水障礙的後方發球，並讓對手一桿。

(6) If your Balls be found anywhere touching one another, You are to lift the first Ball, till you play the last.

如果你的球跟其他球碰在一起，不論球在任何地方，你必須撿起原本的球，才可以繼續擊球。

(7) At Holling, you are to play your Ball honestly for the Hole, and, not to play upon your Adversary's Ball, not lying in your way to the Hole.

擊球入洞時，你必須保持公正。除非對手的球阻擋你的球路，否則不要碰對手的球。

(8) If you should lose your Ball, by its being taken up, or any other way, you are to go back to the Spot, where you struck last, & drop another Ball, And allow your adversary a Stroke for the misfortune.

如果你不幸遺失高球，必須返回上一次擊球的地點重新發球，並讓對手一桿。

(9) No man at Holling his Ball, is to be allowed, to mark his way to the Hole with his Club or any thing else.

擊球入洞時，任何人都不能使用球桿或其他物件標識球路。

(10) If a Ball be stopp'd by any person, Horse, Dog, or any thing else, The Ball so stop'd must be play'd where it lyes.

如有任何事物攔截你的高球（人、馬或狗等），你必須按照高球所處的最新位置繼續打球。

(11) If you draw your Club in order to Strike & proceed so far in the Stroke, as to be bringing down your Club; If then, your Club shall break, in any way, it is to be Accounted a Stroke.

如果你的球桿在擊球過程中斷裂，須罰自己一桿。

(12) He whose Ball lyes farthest from the Hole is obliged to play first.

你應該先讓距離球洞最遠的球手發球。

(13) Neither Trench, Ditch or Dyke, made for the preservation of the Links, nor the Scholar's Holes or the Soldier's Lines, shall be accounted a Hazard; But the Ball is to be taken out Teed and played with any Iron Club.

球場的溝渠、壕溝和堤壩等被視為球場障礙。你可以取出陷入球場障礙的高球，並用任何鐵桿擊球。

到了 18 世紀，現代高球的概念逐漸確立。這時候球例開始對何謂擊球

（stroke）作清晰定義；規定一場正式比賽共有十八個球洞；將果嶺（putting green）和沙坑（bunker）兩個專有名詞應用在球例中；列明比桿賽（stroke play）可作為比洞賽（hole play）以外的另一個正式比賽方法等。此外，不同球會亦會因地制宜，按照球場內的環境制定額外規則讓球手參考，例如遇到無法繼續比賽的環境；高球陷入障礙或被外來物干擾時應該如何處理；以及限制球手尋找遺失高球的最長時間等。[2]

當時高球在蘇格蘭境內漸有發展，但「各處鄉村各處例」的情況相當普遍，球手遇上特別情況時，可以採用的處理方法亦有所不同。例如當球手不小心將高球打到水池被罰後，有球會規定球手只需面向球洞並將高球置於頭頂以上的位置，丟球落地以決定下一次的擊球位置；但另一個球會則規定球手必須退到水池後的位置重新發球。另一個有趣的情況則是球手擊球後，若高球着地後碰到對手的球，有球會規定對手要按照現狀進行下一次擊球，但又有球會容許對手選擇在方圓一碼的範圍內重新挑選發球位置。

19 世紀開始，高球由蘇格蘭傳播至英格蘭、歐洲大陸以至地球另一端的印度、美國和澳洲。新建立的球會參考蘇格蘭各個球會的球例，盡量按照球場的地理環境建立一套合適的球例。與此同時，高球器具隨着科技發展日新月異，高球業界並未就球桿和高球的用料、設計等各方面訂立明確標準。隨着來自不同球會的球手開始同場較量以至參加跨國比賽，球會之間各說各話，球例含糊不清，不但容易造成紛爭，甚至窒礙高球運動的發展。高球界意識到必須訂立一套被廣泛接受和應用的球例，為球手提供一個公平的比賽環境。

---

2　此後數段的資料來源皆出自 The R&A and USGA, *A Brief History of Revisions to the Rules of Golf: 1744 to Present*, http://www.rules.golf/~/media/Files/RulesDotGolf/New/A-Brief-History-of-Revisions-to-the-Rules-of-Golf-1744-to-Present-FINAL.ashx?la=en。

有見及此，當時聲望最高的 The R&A（英國官方高爾夫球管理機構）於 1891 年 9 月推出第一套獲歐洲各地球會廣泛採納的球例，自此成為高球球例的全球最高權威。1897 年，The R&A 成立球例委員會（Rules of Golf Committee），並於 1899 年完成第一次修例。新例包括球手擊球前須移除球洞方圓二十碼內的旗桿，否則將被罰一桿；新例又為球場界外（out of bounds）作出定義。至於北美地區的球例，則由 1894 年成立的美國高球協會（USGA）負責管理。

踏入 20 世紀上半葉，The R&A 和美國高球協會先後在 1908 年及 1927 年出版案例手冊（Decisions Book），收錄兩大高球總會對現有球例所作的裁決和進一步解釋，以釐清現行球例的含糊之處。當時高球界分成兩派，一派認為兩大高球總會只需撰寫一本交代高球基本原則的簡明球例已經足夠，無需將球例變成繁文縟節。另一派則認為球例應該像一本工具書，內容鉅細無遺，可以為球手提供清晰的指引，並且盡力締造一個公平的競賽環境。最終後者於這場爭論勝出，並決定了球例往後的修訂方針。到了 1920 年代，The R&A 更邀請英格蘭、蘇格蘭、愛爾蘭、威爾斯四地的高球總會和女子高爾夫球聯盟（The Ladies' Golf Union），以及加拿大、南非、澳洲、紐西蘭等來自英聯邦各地的高球總會加入球例委員會，協助 The R&A 及美國高球總會修訂球例。其中一項修訂規定每名球員每場比賽最多只能使用十四支球桿，這項規定自此並無再次修訂，一直沿用至今。

二次大戰後，兩大高球協會於 1952 年正式統一兩套球例，並訂定每四年修例一次；自此新球例全球通用。1950 年代至 1960 年代期間的重要修訂包括容許球員在果嶺標記、拾起、清潔和替換高球（1960 年）；又對球員使用人造儀器協助打球的舉動作出限制（1968 年）等。1984 年，兩大高球總會除了完成恆常的球例修訂工作外,同時推出一套全球通用的案例手冊,供廣大球手參考。當年較重要的新修訂球例包括球員本人拋球,必須站直持球伸直手臂舉至與肩同高並讓該球自由落下(1984-2180 球例手冊 — 規則 20-2a);若球的任何一部分懸於球洞邊緣不多於十秒並跌入洞內,則球員被認定是以其上一擊打將球打進洞(1984-2180 球例手冊 — 規則 16-2)。

邁向 21 世紀,The R&A 及美國高球協會在修訂球例時更要考慮環保和高科技的因素,例如 1996 年的新球例容許球場的管理委員會訂立規定,禁止球員在球場內的環境保護區(Environmentally-Sensitive Area)打球。到了 2008 年,球手不但可以在比賽期間交換有關距離方面的資訊,(local rule)更可以使用測距儀器。此外,新球例與時並進,變得更為人性化,為球場使用者的利益提供更多保障;收錄的案例亦從 1985 年的九百三十三個逐漸增加至 2012 年的一千二百七十五個,為球手提供更全面的參考。例如容許球場的管理委員會制定有關打球速度的指引並輔以罰桿執行(1996 年);球僮不得於球手揮桿時站在擊球線路的後方(2000 年)等。自 2008 年起,若球手或其球僮、器具在比洞賽(match play)中,意外對其他球手正在移動中的高球造成阻擋或障礙,只會被罰一桿;在此之前,若球手犯規,會被判輸掉該洞。

————— 4.2 —————

# 現行球例的修訂工作

　　香港是亞洲高球發展的重要城市，香港的球手也有參與球例修訂的工作。蔡偉達醫生是香港的資深高球裁判，曾擔任香港公開賽裁判三十年。蔡醫生於 1993 年通過英國 The R&A 的裁判考試，其後出任香港高球總會球例委員會主席以及 The R&A 亞太區代表，亦曾在世界聞名的英國公開賽（The British Open）擔任裁判達十二年，對球例和裁判工作有非常深入的認識。[3]

　　蔡醫生指出，現時國際高球界所遵循的球例由三大部分組成，最重要的是球例手冊（The Rules of Golf），依舊由 The R&A 及美國高爾夫球協會擁有共同修訂及解釋權，每四年更新一次。鑑於高球運動普及全球，而且屬於越野運動（Cross-country Game），球場位置遍及樹林、沙漠、草原等不同環境，單純依據球例手冊並不足夠，因此需要包含數千案例的案例手冊（Decisions on Rules of Golf，在 2019 年易名為 The Official Guide）作為裁判和球手的參考。這本球例手冊每兩年修訂一次，內容包羅各國各地奇案，十分有趣。[4] 不

---

3　口述歷史訪談，蔡偉達醫生，2016 年 5 月 5 日。

4　同上。

過，各個地區負責比賽或管理場地的委員會，可因應當地情況，在不違反球例手冊的原則下，訂立「當地規則」（Local Rules），這些規則一般會列在記分卡及場地公告欄上，供球手參考。[5]

5   The R&A and USGA, *Rules of Golf 2016 Mandarin Chinese*, p.18, 114, http://www.randa.org/~/media/Files/DownloadsAndPublications/Foreign/Rules-of-Golf-2016-Mandarin-Chinese.ashx (accessed July 4, 2016).

## 4.3

# 高爾夫球的規則與禮儀 [6]

現時的高爾夫球球例內容繁複，條例的分項可以多達數十個；即使是職業球手，也未必能夠完全掌握厚達數百頁的球例手冊。有鑑及此，The R&A 及美國高爾夫總會在球例手冊中開宗明義地指出，球手不一定要熟讀所有球例，但至少要對球例和禮儀有基本掌握。

球手到達球場登記後，應先細心閱讀球場管理委員會列在記分卡及公告欄上的當地規則（球例手冊 ─ 附錄 I），例如每個比賽場地的範圍界限，球場內那些地方正在維修或被劃為環境保護區，會方根據當天天氣狀況而實施的額外規則，能否在場內使用測距儀器等。球手瞭解當地規則後，需確保衣着以及球架、球桿、高球等裝備的設計符合球例規定（球例手冊 ─ 規則 4、5；附錄 II、III、IV），並攜帶不多於十四支球桿（球例手冊 ─ 規則 4.1）。為避免與其他球員的高球混淆，球手應在屬於自己的高球標上記號以供識別（球例手冊 ─ 規則 6.3a）等。

當球手準備就緒就可以進入比賽場地，前往發球台並於指定範圍內開球

---

6　本節的資料來源皆同上。

（球例手冊 ─ 規則 6.1）。當球手開球後，除非能夠一桿入洞，一般而言，球手應該按照高球所處的位置及環境狀況打球，直到將球打進果嶺的球洞內方告完成一個球洞的比賽（球例手冊 ─ 規則 4.3、6.3、7、8 及 10.1）。在這五項規則下，球手於比賽期間必須以正當的站姿擊球，期間不能移動高球至有利自己的位置（但可以清潔高球以確認高球上的記號清晰可見），同時不能使用外物「借力」協助自己擊球。為確保比賽公正，球手在比賽期間只可以向己方球僮或隊友請求或提供建言，但如果詢問或提供規則、距離、障礙及旗桿位置等資訊，則不受限制（球例手冊 ─ 建言的定義）。

為提升高球比賽的挑戰性，現在的球場一般都設有水坑、沙坑等障礙，球手稍一不慎，就可能會將球打到障礙中。加上球場設於野外，球手於比賽期間往往遇上各種變數，例如不慎將球打到樹林中，甚至被野生動物搶走；因此現行球例涵蓋了球手可能遇上的各種情況。事實上，球例極具彈性，目的是要建立公平的競賽環境。下文列舉幾個常見例子，可以從中領略球例設定的精神。

例子一。球例制訂時往往會考慮到球手是否故意改變球的狀況，並考慮到他人和自然因素對比賽環境的影響。根據規則 19，如果球手的球在靜止狀態下，被球手本人、隊友、己方球僮或裝備意外地或在球例不允許的情況下移動，須要罰一桿且要將球置回原位。反之，如果涉事的為局外者（outside agency），即對手及其裝備、裁判、記分員以至場內的野生動物，則不用受罰並可以返回原處開球。然而，如果靜止的球因自然因素（例如強風）而移動，雖然球手免罰桿，但必須依球所處的最新位置打球。

例子二。如果球手不慎將球打到障礙中，球手可以根據經驗和判斷，按照球例的數個合法選項中挑選一個對自己最有利的解決辦法。根據規則 17，如果球手不慎將球打到球場的池塘內，如果球位於池塘的黃樁及／或黃線，球手可以依球所處位置作下一次擊打，或罰一桿後作出以下其中一個選擇：（1）返回上一次擊打的地點打一球；（2）在池塘後方任何距離拋一球，保持球洞、該球最後進入池塘邊界之點，及拋球的地點之間成一直線。

例子三。給予球手合理的時間作出決定，且盡量不影響其他球手使用球場的權利。根據規則 18，如果球手不慎將球打到難以尋找的地方，例如樹林中或球場界外，一般可以罰一桿並回到上一次擊球的地點重新發球。球手也可以選擇先打一個「暫定球」（Provisional Ball）取代原有的球，並利用隨後的三分鐘法定時間尋找原本的球。如果高球在球場範圍內，而且並非位於水的障礙中，球手可以繼續打原本的球，反之則罰一桿並繼續打「暫定球」。

例子四。球手每次發球後，目標都是到達果嶺將球打入球洞。在果嶺擊球前，球手應確保旗桿已移開或被照管（球例手冊 — 規則 13），同時也可以標示、撿起及清潔高球後放回原處，以及修復果嶺上因球桿所造成的刮痕（球例手冊 — 規則 13.1c）。球手成功將球推進球洞，即完成該球洞之賽程，可前往下一球洞繼續比賽。球手完成十八個球洞，即算結束一場正式比賽。球手應如實記錄分數，並將記分卡交予大會確認比賽結果。

球例中有一條與打球並無直接關係但意義重大的規定，這就是禮儀。高球作為一項歷史悠久的運動，除了講求規則，球手亦要遵守高球運動的行為規範（球例手冊 — 禮儀、規則 1.2）。高球禮儀大抵涵蓋安全、尊重他人、愛護場地三大要素。具體而言，球手進入比賽場地後，應保持安靜，避免對其他球手造成騷擾。打球期間，球手打球的速度不宜過慢，並留意他人是否處於擊球的方向和路線上；如果有可能對他人造成危險，應大聲呼叫 fore 以作出提醒。如果球手需要於沙坑等障礙擊球，擊球後應盡力還原場地狀況，例如填平沙坑的凹洞和腳印，確保其他球手可以在同樣的比賽環境下公平作賽。

# 球例的執行與裁判的職責

在球例實際執行的層面上，球手參與非比賽活動時，一般都不會有裁判在場，因此球例能否有效執行，以及球賽能否以公平競技的原則進行，關鍵在於球手能否培養自律及正直的品格。一般而言，球手參與比賽前，必須對球例有基本認識。如果球手對球例有任何疑問，應參閱球例手冊，有需要時更可交由當地負責球例的機構仲裁。正式比賽時，由於球場佔地廣闊，裁判無法每時每刻跟隨在場比賽的每位球員，因此球例的主要功能是輔助球員，而非像足球比賽的球證般具有約束球員的功能。在球場上，裁判的角色是盡量保護球員，避免出現犯規情況，同時負責監察球員的打球速度（pace of play）。[7] 另外，香港首位高球華人女裁判陳怡蓁也指出，每當球手之間出現紛爭，裁判需要到事發現場瞭解情況，按球例作出判決，並向球手解釋球例，甚至要求球手「案件重演」，以確保比賽順利進行。[8] 球手若被發現不依球例作賽、虛報分數或不守禮儀，都屬極為嚴重的情況，輕則被罰增加桿數或取消比賽資格，重則可能會被逐出球會，甚至被罰終身停賽，因此球手對球例和禮儀予以同等重視。[9]

---

7　口述歷史訪談，蔡偉達醫生，2016 年 5 月 5 日。

8　《AM730》，〈港產首位華人女裁判 20 年粉嶺高球會磨劍出鞘〉，http://www.am730.com.hk/article-238841。

9　口述歷史訪談，蔡偉達醫生，2016 年 5 月 5 日。

---- (4.5) ----

# 支援中國內地裁判同儕的發展

　　香港的高球裁判團隊除了在本地以及國際高球賽事執法外，同時與內地同業保持緊密交流，在球例應用及裁判培訓工作方面提供了不少協助。自1990 年代起，高球運動在中國內地蓬勃發展，不少地方大量興建球場，參與人數持續上升，但球例應用及裁判培訓的發展相對較慢。當年不少裁判和球手對球例認識不足，影響賽事運作，並對高球運動講求的嚴格紀律造成負面影響。蔡偉達醫生對內地球手不諳球例的一些有趣行為記憶猶新。他說：

> 有一條高球球例很有趣，每當球手不知道應該要怎樣做的時候，只要罰自己一桿，就可以返回原地再打（stroke and distance penalty）（球例手冊 — 規則 18.1）。當年內地有些球手因為不諳球例，所以不管怎樣，每當不知道怎樣處理接下來的一桿，就罰自己一桿返回原地再打。這個動作雖然合乎球例，但十分浪費時間。[10]

---

10　口述歷史訪談，蔡偉達醫生，2016 年 5 月 5 日。

為了進一步提升裁判的執法水平及加強球手對球例的認識，當時內地業界除了邀請 The R&A 的專家提供意見外，同時邀請了香港的團隊提供支援。The R&A 負責將官方的英文球例翻譯成中文，內地的學員只要通過考試，就可以在內地的賽事執法。如果裁判熟讀英文球例，更可以投考國際裁判。在 2000 年代初期，Nomura Cup 和 Queen Sirikit Cup 兩項在亞太區歷史悠久的業餘高球賽事，先後在內地的五邑蒲葵高爾夫球會舉辦。大會邀請香港的裁判團隊協助，並為當地人員提供培訓。現今內地高球運動的發展較當年成熟不少，不但有高爾夫協會，還有自行舉辦的職業巡迴賽。現時 The R&A 的人員經常到內地交流，香港團隊在這方面的參與因而相對減少了。[11]

---

11　口述歷史訪談，蔡偉達醫生，2016 年 5 月 5 日。

## 4.6

# 香港裁判培訓工作的現況

現時香港的裁判團隊共有約二十人，成員均通過 The R&A 第三級考試，並經常參與外地高球賽事的執法工作，主要在日本和中國內地。團隊中逾十人為香港哥爾夫球會會員，負責會內男女高球部球例方面事宜。

團隊亦會派人參與 Nomura cup、Queen Sirikit Cup 等亞太區賽事。與此同時，由於香港公開賽已經成為歐洲巡迴賽的其中一站，主辦單位亦會邀請香港五名資深裁判參與球賽，負責球例方面的工作，其他來自外地的裁判就負責紀律方面的工作。對於香港裁判的水平，蔡偉達醫生有相當清晰的看法。他說：

> 如果要作世界排名，香港一定是首十名以內。最好的是英國、美國、澳洲、西班牙，接着就是香港、加拿大、紐西蘭，所以香港亦可說是亞太區第一。日本那邊的發展很成熟，但由於語言、文化關係，球例相對來說有點不一樣。[12]

---

12  口述歷史訪談，蔡偉達醫生，2016 年 5 月 5 日。

事實上，香港除了派員參與各地的執法工作，香港高球總會亦會代表香港高球界培訓本地人才。現時香港可以自行舉辦 The R&A 第一級球例課程（Rules School），參加者主要是香港人。現時課程為期一天，學員完成課程後可以選擇是否參加考試。若學員希望修讀第二級課程，必須通過第一級考試。第一級考試為開卷形式，目的是讓學員嘗試使用球例手冊（Rules Book），同時希望提升人們對球例方面的興趣。第二級考試可以到吉隆坡或新加坡應考，而第三級考生則要到蘇格蘭 St. Andrews 或 The R&A 指定的地方應考。2019年 10 月，香港成為 The R&A 其中一個指定第三級課程考試地點。考生通過考試後，需要由當地的高球總會判定他們的執法能力。[13] 2016 年，共有三十五人修讀香港的球例課程，當中三十一人參加了考試，合格人數接近九成，部分應考者更是香港青少年高球代表隊的成員，情況令人鼓舞。[14]

---

13　口述歷史訪談，蔡偉達醫生，2016 年 5 月 5 日。

14　Hong Kong Golf Association," http://www.hkga.com/eng/news/20160303.aspx", http://www.hkga.com/eng/news/20160303.aspx (accessed July 4, 2016).

第五章

# 球僮篇

# 5.1

# 戰前的工作情況

　　球僮，又稱「桿弟」（音譯自英文 caddie）。caddie 一字起源於 16 世紀的法國，當時尚未登基的蘇格蘭瑪麗皇后（Queen Mary of Scots）在法國與皇室成員打高爾夫球，當地的軍校學生（le cadet）負責揹球袋。瑪麗皇后回到蘇格蘭後將軍校學生揹球袋的做法帶回當地，後來 le cadet 輾轉演變成英文的 caddie，並沿用至今。[1]

　　香港哥爾夫球會成立於 1889 年，但球會在何年開始聘用球僮，誰是香港第一位球僮，球僮在創會早期的工作情況等，目前已不可考。據一些已故資深會員早年的回憶和記錄，深水灣球場投入服務之際，不少球會會員已經聘用苦力協助運送球具及伙食，穿越黃泥涌峽到球場。這批苦力可算是香港第一代的球僮。1910 年代，粉嶺球場開幕，會方正式容許會員聘請上水、粉嶺一帶鄉村的青年人擔任球僮。資深會員 E. Hamilton 憶述，在 1919 年的時候，負責揹球桿的球僮（carrying caddy）每局工資為二十仙；而負責觀察球的落點的

---

1　National Portrait Gallery, "Mary, Queen of Scots," http://www.npg.org.uk/take-another-look/mary-queen-of-scots1.php .

球道球僮（forecaddie）則每局十仙。比起當時新界農民平均每日勞動所得的三十仙，球僮的收入可說是十分理想。如果拿港幣前往一河之隔的深圳市集購買生活所需，則更是「好使好用」。球僮的可觀收入迅即吸引粉嶺球場周邊的居民加入球僮之列，使粉嶺球場在開幕初期人手充裕，會務得以穩步發展。[2]

粉嶺球會離市區甚遠，交通不便，就近聘請球僮幾乎是唯一的選擇；球僮當然也明白自己佔有的地利優勢。1922 年，球僮以不滿工作待遇為理由發動罷工，要求提高薪金至每九個球洞十仙及每十八個球洞十五仙，並要求會方興建附設食水供應的棚屋作休息和進餐之用。罷工初期會方並無退讓，並採取了應變的措施，除了聘請近一百名駐港印度軍人擔任球僮，同時禁止會員聘用鄰近鄉村的球僮，只容許他們從香港島聘用私人球僮。有趣的是，不少球僮的父母竟然反對球僮加薪，原來他們擔心孩子一旦財政獨立，將不受管教！最終會方還是接納了球僮提出的要求，罷工於同年 5 月結束。[3]

踏入 1930 年代，服務粉嶺的球僮共有近三百人，這支龐大的隊伍難免質素參差，怠工、爭客等情形時有發生。有見及此，球會秘書 Colonel Matthew 聯同委員會成員 S.H.Dodwell 推出一系列措施，加強球僮管理。1931 年，球會推出球僮註冊制度，規定球僮須要向會方註冊後方可為球會提供服務。另外，會員可以用月薪五元聘請私人球僮，以便管束球僮行為。球僮註冊後即獲會方分發一個號碼牌作為身份的識別，並按經驗分為一等或二等球僮。為避免不良競爭，球會統一球僮收費，一等球僮薪金較佳，每十八個洞可獲三十五

2　T.F.R. Waters, *History of the Royal Hongkong Golf Club* (Hong Kong : South China Morning Post, 1960), p.11; Spencer Robinson, *Festina Lente : A History of the Royal Hong Kong Golf Club*(Hong Kong : Royal Hong Kong Golf Club, 1989), p.81.

3　Spencer Robinson, *Festina Lente : A History of the Royal Hong Kong Golf Club*,p.81; *The Hong Kong Telegraph*, 1922-03-21.

仙，二等球僮則每十八個洞可獲三十仙，會方亦嚴禁會員打賞小費。

　　球會亦為球僮重新設定一套工作守則，以便管理。每天早上，球僮抵達球場後須向球僮主管報到，並按報到次序將其所屬號碼牌放置於木盤上供主管記錄。球僮提供服務的次序，以先到先得的形式處理；越早報到，當天得到分配工作的機會就越大。會員抵達球場後，須將球桿等裝備交予球僮主管保管，並將他們選擇的球場及開球時間告知主管。主管向球手分發所屬球僮的號碼牌，球手與球僮須按時於該球場的一號發球台相認。打球後，會員須將號碼牌交還主管，並向球僮發放薪金，亦可就球僮的表現寫下意見向會方反映。

　　在會方的努力下，球僮的發展越見成熟；1939 年，會方先後於粉嶺及快活谷為球僮提供培訓，以提升服務質素。[4]

---

4　*The Hong Kong Telegraph*, 1931-09-02; 1939-12-15.

## 5.2

# 戰後的工作情況

隨着戰後經濟急速發展，生活水平逐漸提高，會方先後多次調升球僮薪酬。1962 年，於舊場和新場工作的球僮每十八個洞可獲三元，只有九個洞的伊甸場則為一點五元。儘管粉嶺球場在亞洲漸有名氣，但以現代標準而言，球僮的選拔和培訓仍算寬鬆。事實上，當時的球僮大多只是負責揹球袋，別無其他工作要求，因此申請做球僮的人只要有基本體能及通過簡單考核，一般都可以獲得聘用。球僮不俗的薪金，既吸引十一二歲的青少年來賺零用錢，也有一批家庭主婦和年近七旬的長者加入行列。當年的球僮總數維持在四百人左右，當中約有一百五十人經常工作；大多是兼職性質，也有少部分是全職工作。球僮入職後會獲發一個屬於自己的編號，不需接受專業訓練就可以工作。一如戰前的安排，想工作的球僮必須於早上向主管登記抽籤。每天早上 6 時，主管從布袋抽出號碼牌，分配球僮一天的工作次序。[5]

球會提供的工作機會幫助了上水圍、粉嶺圍、丙崗、金錢、古洞等地为

---

5 口述歷史訪談，鄭基鴻先生（第一次訪談），2014 年 11 月 26 日。

數不少的村民維持生計。球會自 1960 年推出針對球僮的新政策後，更孕育了一批後來在香港以至中國內地高球界獨當一面的精英。高球好手鄧樹泉就是在當時新政策下加入的球僮。他回憶道：

> 我在球場附近的鄉村成長，自小就對高球產生興趣。當年高球仍然是非富則貴的運動，平民百姓難以負擔購買正規器材的費用。我會跟朋友一起到我家附近執拾竹枝和高球，回家後用砂紙磨平竹枝底端當作正規的球桿，跟着每天上學放學就在路上打球。有時候球場人不多，村民可以入場打球，即是我們俗稱的「打紅番」。1962年，我決定加入球會當球僮，賺錢幫補家計，當時只是十一二歲。[6]

　　礙於當時球會不容許非會員打球，鄧樹泉成為球僮後，只能透過觀察會員打球偷偷地揣摩球技。1965 年，Joe Hardwick 成為球會總教練（Head Pro），協助球會作出不少改革，其中一項重要決定，就是給予一些有潛質的年輕球僮正式接觸高球的機會，讓他們一邊工作，一邊接受正規訓練。[7]鄧樹泉正好趕上這個機會，正式在球會學習打球。他除了做球僮，還在球會的高球用品店（Proshop）工作，幫忙清潔和修理球桿，可謂全程投入高球的生活之中。儘管鄧樹泉年紀尚輕，球技不及經驗豐富的外國球員，但他十分珍惜得來不易的機會；人家練習一個小時，他就練夠四五個小時才肯罷休。[8]鄧樹泉的好友黎偉智於 1965 年以十二歲之齡加入球僮之列，也走過與鄧樹泉相同的發展歷

---

6　香港電台：《鏗鏘集：粉嶺路上 · 果嶺風景》，2011 年 5 月 2 日。

7　同上。

8　《南方都市報》，〈鄧樹泉 藍鵬練習場的宗師級隱者〉，2010 年 12 月 25 日。

程，從球僮變成球手和教練。黎偉智還記得當時球會不會刻意考核小球僮的表現，只要他們努力工作和專心練習，就有機會晉升。黎偉智回想：「當時沒有考試評核，我師傅呂良煥教大家打波，誰打得好就可以升為教練，做了教練又可以教其他人打球。」[9]

1969 年，會方正式將球僮由低至高分為 C（初級）、B（中級）、A（高級）、special（特別）四個等級。不同級別的球僮號碼牌有不同的代表顏色，初級是黃牌、中級是藍牌、高級是紅牌，以資識別。[10] 球僮升遷按表現而定，只要沒有犯錯、沒有被客人投訴、做事精明，一般都可以晉升到較高的等級。在新規定下，會員到達球會後，可以要求選擇某個級別的球僮，但不可以指定某一個球僮或自行聘請私人球僮，這項規定至今維持不變。

除了鄧樹泉和黎偉智，現任球會資深教練，人稱「鴻哥」的鄭基鴻也得到球會的重點栽培。[11] 1967 年，鴻哥剛小學畢業，應徵球僮只是為了在暑假幫補家計，沒想到往後的日子都在球會度過。鴻哥想起這些歲月，仍然十分回味。他說：

> 當時我年紀小，主管不太放心，但還是讓我一試；所賺的工資足以讓我繳交學費，不用父母操心。我工作三數年後，獲球會提拔為其中一名「特別」級別球僮，此後不論會方和自己都對工作有越來越高的要求。除了揹球袋，球僮還要學習站位、禮儀、選擇球桿、打

---

9　《蘋果日報》，〈代 Cult2：八十前教富豪揮桿球僮變教練〉，2010 年 10 月 6 日。

10　The Royal Hong Kong Golf Club, " Annual Report & Accounts for1968", 8; "Annual Report & Accounts for1969", p.7.

11　The Royal Hong Kong Golf Club, " Annual Report & Accounts for1968", 8; "Annual Report & Accounts for1969", p.7.

鄭基鴻在 1960 年代末開始於粉嶺球會由球童做起，繼而成為香港首批職業高爾夫球手之一。

球距離、打球方向等。當時會方對我們這些小球僮十分支持，後來更正式批准我們逢星期一使用粉嶺球場打球。儘管如此，大部分時間都是自己摸索球技。球會也讓我們在週末去 Pro-shop（高球用品店）工作，以接觸其他技能。在此以前，我和同學放學後只能去球場附近的農田或者馬草壟的草地打球；隨便在地上挖個洞就當做球洞。有時候會員見我們聽話乖巧，會將球桿當成禮物送給我們，我們當然珍而重之。有時候我們在球場附近拿着球桿閒逛，會被路上遇到的警察截查。事實上我們這些小孩子根本負擔不起買球桿的錢，警察一般會認為球桿是偷來的，幸好經過一番解釋，還是會得到放行。[12]

就在這一年，年僅二十歲的鄧樹泉在 Joe Hardwick 的鼓勵下，成為香港第

---

12　口述歷史訪談，鄭基鴻先生（第一次訪談），2014 年 11 月 26 日。

一名球僮出身的華人職業高爾夫球手。Hardwick 認為鄧樹泉甚具潛質，因此讓他參加 1970 年的香港高爾夫公開賽，並認為他只要多加磨練，翌年更可代表香港參加遠東高爾夫巡迴賽（Far East Golf Circuit）。[13] 同年，香港職業高爾夫球協會（HKPGA）成立，專責協助香港高球總會處理香港職業球手的資格和排名，為香港球手提供參加海外職業賽事的官方報名渠道；鄧樹泉順理成章成為香港職業高爾夫球協會的第一批會員。[14]

踏入 1970 年代，球會培訓的新秀大多學有所成，成為球場前線運作的中流砥柱。鄧樹泉、黎偉智、鴻哥一同擔任教練，專門服務華人會員；船王許愛周的兒子許世勳、恒生銀行創辦人何善衡以及名醫蔡永善都曾經跟他們學打球。[15] 儘管洋人一般會找總教練 Joe Hardwick 指導，但港督戴麟趾（David Trench）十分賞識鄧樹泉，特意要他教導球技。[16] 當時比較有代表性的球僮包括與鴻哥同期加入的鄧敏祺和廖炳光；前者和鄧樹榮合力管理練習場，後者則主理球桿維修服務。[17]

除了協助管理球場，球會亦希望一眾球手學生可以在公開比賽中奪取佳績，為球會和香港爭光。以蔡永善為首的華人會員曾多次自費資助黎偉智等人到日本、台灣等競技水平較香港為為高的地區學習，給予新人提升球技的寶貴機會。[18] 公開比賽成績以鄧樹泉表現最為出色，他先後於 1975 年及 1979 年獲得香港公開賽第五名及香港職業賽冠軍，同時自 1972 年起先後八次代表香

---

13　*South China Morning Post*, "Three HK Golfers Turn Professional," 2 December 1969.

14　*South China Morning Post*, "HK's Golf Pros Unite," 14 June 1970.

15　口述歷史訪談，鄭基鴻先生（第一次訪談），2014 年 11 月 26 日。

16　《中華高爾夫周報‧試刊貳號》，〈「師公」鄧樹泉 記憶中的那些人 那些事〉，2010 年 1 月 30 日。

17　*South China Morning Post*, "More glimpses of Fanling," 23 February 1978.

18　《蘋果日報》，〈代 Cult2：八十前教富豪揮杆球僮變教練〉，2010 年 10 月 6 日。

港隊出戰世界盃。[19] 黎偉智是五屆世界盃香港隊代表及兩屆香港職業公開賽冠軍。[20]1981 年的香港公開賽，他們五人更同時參賽，當中以鄧敏祺成績最佳，奪得業餘組冠軍，繼早前贏得香港 PGA 公開賽冠軍後再下一城。[21]

邁向 1980 年代，隨着香港經濟起飛，球僮的工作已不如早年般吃香。即使粉嶺和上水新市鎮大興土木，人口大量遷入，但應聘球僮的人數則逐年下降。同時，會員日漸增加，球會要面對人手不足的壓力。有見及此，會方從多方面改善球僮的工作環境，希望可以提高當球僮的吸引力。會方首先計劃於 1976 年在球會毗連的天祥營（北區醫院現址）旁邊興建全新的球僮總部，取代位於新場一號發球台側的舊址。1979 年，會方修改球僮制度，提高工資，並為球僮訂立最低月薪，又取消最低級別的 C 級，以保持球僮工作的吸引力，確保人手供應充足。[22] 在時任總教練 Joe Hardwick 的帶領下，球會鼓勵青年人入行，又明確訂定各級球僮的職責，同時為現職球僮提供更專業的培訓課程，確保球僮的質素和數量符合要求。以 1983 年的編制為例，球會的球僮團隊中有十二人為高級球僮，有近兩百位普通球僮為球會會員提供常規服務，而專責揹球袋的工作人員則約有三百七十位。另外，會方容許球僮在教練的指導下使用練習場打球，並為球僮舉辦業餘高球比賽，以提升工作的吸引力。會方一連串的改革最終取得良好的效果，球僮的數量一直保持穩定，基本上可以應付 1990 年代的需求。[23]

19 《南方都市報》，〈鄧樹泉 藍鵬練習場的宗師級隱者〉，2010 年 12 月 25 日。

20 《蘋果日報》，〈代 Cult2：八十前教富豪揮杆球僮變教練〉，2010 年 10 月 6 日。

21 *South China Morning Post*, "Entries for 1981 HK Open," 26 February 1981; "TAIWAN AGAIN!: Dark-horse Chen keeps up the Open tradition," 2 March 1981.

22 The Royal Hong Kong Golf Club, " Annual Report & Accounts 1976", 6,8; The Royal Hong Kong Golf Club, " Annual Report & Accounts 1979", p.7.

23 The Royal Hong Kong Golf Club, " Annual Report & Accounts 1980",7; " Annual Report & Accounts 1981", 7; " Annual Report & Accounts 1983", p.8; " Annual Report & Accounts 1984", p.7.

## 協助中國內地發展高爾夫球運動

    1980 年代初期，香港哥爾夫球會會員兼愛國商人霍英東有意與商人鄭裕彤在內地興建高球場；霍英東帶同教練鄧樹泉前往廣東中山物色地點，最後決定在三鄉籌建全中國第一個高球會 —— 中山溫泉高球會。鄧樹泉在中山高球會的籌建過程中扮演了關鍵角色，除了協助美國傳奇球星阿諾·帕默（Arnold Palmer）設計球場，還主理遷墳、推土、種草和排水等技術問題，又將在香港哥爾夫球會所學的行政和管理經驗帶到中山。[24]

    1984 年中山球場開幕後，熱愛推動體育事業的霍英東隨即建議成立一支中山高球隊；鄧樹泉聯同球會經理戴耀宗在鄰近三鄉的桂山中學挑選一些學生擔任隊員。中山隊培育學員的模式，猶如當年球會培訓鄧樹泉等精英球僮。霍英東負責提供資金，並為學員安排兼任球僮的工作以幫補生計。平日訓練方面，鄧樹泉應用個人苦耐勞方而成才的經驗，要求隊員每天放學後到球場旁練習空揮杆，又不時要求隊員到附近的農田協助耕作，造就了林少茹、鄭文根、

---

24 《南方都市報》，〈鄧樹泉 藍鵬練習場的宗師級隱者〉，2010 年 12 月 25 日。

黃麗霞等中國第一代優秀的職業高球手。中山高球會步上軌道後，鄧樹泉轉往深圳高爾夫球會，培育出張連偉等第二代新秀，他們隨後更擊敗了鄧樹泉在中山培育的第一批弟子。對外方面，鄧樹泉於 1986 年帶領黃麗霞為首的娘子軍在香港女子公開賽橫掃各項錦標，同年成為國家隊教練，帶隊征戰漢城亞運會，並協助國家隊於 1990 年北京亞運會取得團體第四名的佳績。

鄧樹泉為中國內地高爾夫球事業打下了穩固的基礎，他縱橫球壇四十年間桃李滿門，不少第一、第二代弟子後來成為教練，再培育出梁文沖等第三代職業球手。另外，鄧樹泉早年曾指導一些中港政界人士打球，因而贏得中國高球界「師公」的美譽。[25]

黎偉智則於 1980 年代先後在粉嶺球場指導鄭裕彤、李兆基、呂志和等政商界名人高球技巧，更在 1988 年成為首位考獲加拿大皇家高爾夫球協會（Royal Canadian Golf Association) A 級教練資格的華人球手。自 1996 年起，黎偉智於深圳擔任觀瀾湖高爾夫球場顧問，十年後回港聯同鄧樹泉等同輩成立香港長春職業高爾夫球手協會（HK Senior PGA），為大中華的資深高球手提供一個聯誼平台。2010 年，他們在馬鞍山開辦白石高爾夫練習場，為香港的高球愛好者提供多一個訓練場地，為推動高球運動的發展盡一分力。[26]

---

25 《南方都市報》，〈鄧樹泉 藍鵬練習場的宗師級隱者〉，2010 年 12 月 25 日；〈中國第一代球員黃麗霞講述高爾夫的艱苦歲月 那些年 高球與尊貴無關〉，2013 年 5 月 17 日；《中華高爾夫周報‧試刊貳號》，〈「師公」鄧樹泉 記憶中的那些人 那些事〉，2010 年 1 月 30 日。

26 《蘋果日報》，〈代 Cult2：八十前教富豪揮杆球僮變教練〉，2010 年 10 月 6 日；香港長春職業高爾夫球員協會，http://hkspga.com/about-us。

---- 5.4 ----

# 近年的發展

　　踏入 21 世紀，球僮的整體表現維持在良好水平。球會逢星期四為球僮提供培訓，球僮亦須在主管的監督下，每半年完成一次涵蓋禮儀、技巧和制服的全面培訓。[27] 同時，會員亦提供了不少寶貴意見，協助球會提升球僮的服務質素。他們可就球僮的服務表現作出評級，表現不佳者須要再接受培訓。[28] 鴻哥笑言，球僮在日常工作上都會盡量做到最好，不過難免有人懶散、性格不好，但只屬於少數。現時的球僮每月工作達到指定次數後，就可以在星期一至五下午三時半後於指定球場打球；目前使用這種優惠的人數不多，一般使用者以年輕球僮為主。球會每年會為球僮舉辦兩次比賽，又會在新年時舉辦春茗，為球僮提供聯誼的機會。[29]

　　在粉嶺球場服務數十載的資深球僮泰哥和簡先生都認為，粉嶺球場不論在環境、草坪質素或設施方面都比以前好得多，可說是一個世界級的高球場。

---

27　The Hong Kong Golf Club, " Annual Report 2004",p.15.

28　The Hong Kong Golf Club, " Annual Report 2006",p.15.

29　口述歷史訪談，鄭基鴻先生（第一次訪談），2014 年 11 月 26 日。

球會聘請球僮，為上水圍、粉嶺圍、丙崗、金錢、古洞等地為數不少的村民提供維持生計的機會。（照片來源：南華早報）

不過，今日的球僮在日常工作上與以往相比其實沒有太大改變，希望得到工作的球僮依舊須要前往舊場旁邊的球僮總部報到，工作機會先到先得，唯一的改變是以往的人手抽籤派位現在已經改由電腦代勞。抽籤完成後，球僮亦一如既往，必須按時前往球場與球手會合。

球僮總部有儲物櫃和飯堂，球僮茶餘飯後可在那裏休息聊天。現在球會的球僮名單上有近六百人，當中經常上班的有近兩百人。近年高球在香港變得普及，交通網絡也比以前發達，不少住在市區的人也會加入球僮團隊，當中不乏年輕人。上水和粉嶺一帶的居民有地利之便，還是佔球僮中的多數。另外，近年有不少內地人來粉嶺球場打球，與 1980 年代日本遊客集體前來打球的往事前後輝映，反映出球僮工作與時代變遷相關的一個有趣轉變。[30]

泰哥和簡先生指出，「以前球僮要人手揹球袋，後來可以用手拉車，到了現在可以開高球車，工作看上來變得輕鬆，但畢竟年紀大了，眼界差了，只能說是打個和」。作為資深球僮，兩人不約而同地指出，現在球僮的工作不再只是揹球袋那麼簡單：

---

30　口述歷史訪談，鄭基鴻先生（第二次訪談）、泰哥、簡先生，2014 年 12 月 4 日。

作為球僮，熟悉工作內容其實只是最基本的要求；當我們到了球場，會發現那些球僮規則只是紙上談兵！打過高爾夫球的人都知道，不是隨便用球桿把球打中就可以；還要計算風向、碼數、站位，並要選擇合適的球桿以及計算球的路線及落點，當中大有學問！我們當球僮，最重要還是要一眼關七，好好運用經驗作出判斷，除了上述的幾項要素外，還要有耐性，遵守高爾夫球的禮儀，並要瞭解球手的球技和性格，在球手需要協助時提供最合適的意見。[31]

這是球僮工作最真實和最關鍵的寫照，今昔如一，未來亦然。

---

31 同上。

# 後記

　　1898 年英國租借新界後不出幾年，在新界北部平原的明清農村之間，出現了一道新時代的人文風景。新界第一項大型康體設施落地粉嶺，並點滴萌發，逐步演進成今日名聞遐邇的高爾夫球場。這是新界歷史上的一件盛事，也是香港歷史上的一件盛事。

　　高爾夫球是一項花時間的運動，本書的編撰亦不遑多讓。從多年前的規劃到今日成書付梓，整個過程有如一場十八洞球賽，體力智力缺一不可。幸好本書的製作有異於高爾夫球個人操作的特質，編寫過程中有無數朋友出手相助，以團隊精神克服各種障礙，最終完成任務。為此我特別感謝香港哥爾夫球會所有參與這計劃的成員，以及其他曾經為本書提供協助的朋友。當然，書中錯漏不足之處盡屬本人責任。

劉智鵬